山海の怖い話

黒木あるじ
平谷美樹
小原 猛
鈴木 捧
若本衣織
春南 灯

竹書房
怪談
文庫

目次

※本書は体験者および関係者に実際に取材した内容をもとに書き綴られた怪談集です。体験者の記憶と主観のもとに再現されたものであり、掲載するすべてを事実と認定するものではございません。あらかじめご了承ください。

※本書に登場する人物名は、様々な事情を考慮してすべて仮名にしてあります。また、作中に登場する体験者の記憶と体験当時の世相を鑑み、極力当時の様相を再現するよう心がけています。今日の見地においては若干耳慣れない言葉・表記が記載される場合がございますが、これらは差別・侮蔑を助長する意図に基づくものではございません。

山海の
怖い話

道迷い

鈴木 捧

登山道には公道の舗装路のような統一規格があるわけではないから、その様子は道によってさまざまである。

よく踏み固められた歩きやすい道もあれば、木の根や石で波打つような歩きにくい道もある。夏は下草に覆われて見えなくなってしまうような道もある。急な斜面を流れる沢を渡りながら歩くような道もある。崖のような岩登りや、両手を使って登るような急傾斜の道だって、ときには、ある。

とはいえ、顕著に難易度の高い道が一般登山道として他と一括りに存在しているというわけではない。

そうした道は通常、バリエーションルートと呼ばれ、地図上でも破線を用いて記し、一般登山道と区分されている。

さて、以下に示す話は、そんなバリエーションルートを用いた高難度の登山を好むタイラさんというベテラン登山者から伺ったものだ。

タイラさんは十五年ほど前に山梨県内のとある山を登ったとき、やはりバリエーションルートを使用して、そこで奇妙な体験をしたそうである。

夏の盛り、タイラさんが使用したルートは、足元に植物が繁茂してかなり不明瞭な状態になっていた。

足元をよく見ると細く踏み跡が見えるのだが、道とは言い難いもので、気を抜くとすぐに見失ってしまう。踏み跡は獣道と交差している場合もあり、足元の感覚だけに頼っていてもいけない。周囲の状況を把握するという意味でも、足元ばかりに気を配っているわけにはいかなかった。

足元を確認し、周囲の状況を見て、ときには地図と目の前の地形を照らし合わせて道が合っているか確かめる。そうやってゆっくりと進んでいく。タイラさんの普段からの登山スタイルだった。

バリエーションルートに分け入って藪化した道を辿り、二時間近く経ったころだ。未だ植物の緑が視界の大半を埋め尽くす中で、寝そべるように転がった大きな岩の影からよく目立つオレンジ色が現れた。登り始めてからずっと誰とも会わなかったので反応が遅れる。現れたのは人で、オレンジ色は被った雨具の色だった。

相手はこちらの様子をじっと窺っているようだったが、その視線はレインウェアのフードではっきりしない。

そうやってすれ違うタイミングで、こんにちは、と声をかけようとしたところ、先に相手の方から何か言ってきた。

最初は何を言ったのか分からず、タイラさんは「えっ?」と言葉を聞き返した。

相手はか細い声で、ゆっくりと言った。

「あの、すみません。道に迷ってしまって」

なんとなく嫌な予感がしていたが、当たってしまったようだった。

助けを呼ぼうにも、この一帯は携帯電話など通じない。「下山はあちらの方向ですよ」などと簡単に示せるような場所でもない。どうあっても一緒に下山するしかなさそうだった。残念だが今日の山頂は諦めるしかない。

一度そう思ってしまうと自分でも意外なほど気持ちが吹っ切れた。地図や食料はあるのかとか、ここまでの経緯とか、いろいろ訊きたいことはある。しかしなにか責めるような形にもなってしまいそうでうまい訊き方が分からなかった。ひとまず空腹でないかだけ尋ねる。行動食のミックスナッツと水を与えようとしたが、首を振って不要だとだけ言われてしまった。

「申し訳ないのですが、登山口のところまで連れていっていただければ」

また弱々しい口調でそれだけ言うと、登山者は黙ってしまった。

仕方ないから先ほどまで登ってきた道を引き返し、タイラさんが先導して下っていく。

足音が同じタイミングで重なっているのか、時折相手のそれが消えるような感じがして、後ろを振り向く。ちゃんとついてきている。それでもまたしばらく歩くうち足音が弱くなっていく気がして、そのたび振り向いて確認する。たまに「もう半分くらいきました」、「足元に気をつけて」などと声をかけるが、相手はぼそぼそと辛うじて聞きとれるくらいの声で「はい」「分かりました」と言うのみだ。相当疲れているのだろうか。本当に水も飲まなくて平気なのだろうか。それにあの格好。こんなに晴れているのに、レインウェアなんて着込んで蒸し暑くないのか。余計に体力を消耗するばかりじゃないのか。続けざまに疑問が浮かぶ。

いろいろ考えながら歩いていて、気づかないうちに登山口のほど近くまで達していた。徐々に傾斜もなくなり、あたりは芝生の平原のような景色になる。そこに芝を切り開くように一本の踏み跡が伸びていて、もう登山口の駐車場までの道は明瞭だ。後ろからの足音も、トン、トン、とどこか急《せ》いているような調子になった。

「もう着きますから。大丈夫ですよ」

ルートの入り口を示す標識のところで後ろを振り返った。

誰の人影もない。ただがらんとした、うら寂しい平原が広がっていた。え、嘘だろ、と思いながら周囲を見渡す。鬱蒼とした木立は遠くに見えている。先ほどの足音の様子からも、ここではぐれるとは思えない。どうしたらいいか分からず、「あの――」と大きな声で問いかけたが、その響きもただ無人の草原に飲み込まれるばかりだった。

ふと足元に柔らかい感触を感じる。見ると、焦げ茶の土とカラマツの落ち葉が故意にぶちまけられたように放射状に散らばっていた。どこかかび臭いようなにおいが漂った。

結局あの登山者とはそれきりで、タイラさんはそのまま山を下って帰宅した。

警察には一応電話で経緯を話したけれど、要領を得ない返答で「参考程度に話を聴いておく」くらいの様子で終わってしまった。

その山には以後も何度か登ったが、件のバリエーションルートはあれ以来一度も使わなかったそうだ。

「なんとなくなんだけどさ、あの人、ああいうことを繰り返してるんじゃないかなあ。それはいたずらとかじゃなくて、もう山を下りたいのにずっと下りられなくて……みたいな、さ」

タイラさんは最後にそう言って話を終えた。

やまよめ

黒木あるじ

Sという山間部の集落に暮らす八十過ぎの爺様から、こんな話を聞いた。
爺様が若い時分――当人いわく「大人の男になる前」の出来事だそうだ。

S集落は深山と人里のあわいに位置した、俗に謂う〈里山〉である。

人々の多くは山仕事で活計《かっけい》を得ており、とりわけ爺様の若いころは木挽《こび》きが盛んだった。

当時は戦後復興で住宅建材の需要が激増し、林業が持て囃されていたらしい。

「なんて言うと、いまの連中は昔噺の木こりみてえなのを想像するらしいんだな。でも、本当に肝心なのは木を伐ったあとなんだわ」

材木というのは伐採して終わりではなく、それを里まで運ばなくては売り物にならない。

現在のように道が整備されているわけでも、重機の類があるわけでもないから、木を伐るよりも運搬のほうが苦労は多かったのだという。

「まずは麓の手前にある〈土場〉まで木材を集めて、それから町の貯木場に木馬《キンバ》やソリで持っていくんだ。全員の息が合ってねえといつまでも進まねえし、うっかりすりゃ怪我をしたり人死にが出ちまうからよ、木出しはみんなピリピリしてたな。俺も、返事を忘れて拳骨を食らったことは一度や二度じゃきかねえ。そのくらい危ねえんだ」

その日――爺様たち十数名の村人は〈スラ出し〉のために山へ入っていた。

スラ出しとは丸太を谷に沿って敷きつめ、そこに伐木を押し流して土場まで滑り落とす運搬作業を指す。いわば、山中に巨大な木製の滑り台をこしらえるのである。

「勾配の加減や谷の形状を見定めてスラを並べねえと、ちっとも滑っていかねえどころかひどいときには丸太がはずれて谷底まで転がっちまう。だから、下準備が大事なんだわ。で、数日がかりでスラを作って、いよいよ木を下ろす段になったんだがよ」

爺様の持ち場は山の中腹、S字に曲がりくねっている〈ウス〉と呼ばれる難所だった。数名で声を掛けあい、滑ってきた丸太を上手に方向転換させてやらなくてはいけない。

「とりわけ、その年はみんな神経が張っていた。なにせ〈御神木〉を伐ったもんでな」

〈御神木〉とは、山頂付近に生えていた老木の大ケヤキである。数年前に落雷で損傷していたため「朽ちて倒れる前に伐ったほうが良かろう」との話になったのだという。

「オヤジ連中は〝御神木だぞ、いつも以上に神妙にしろよ〟と口を酸っぱくさせてたけど、なにせ俺は若かったもんで〝大きいだけの木じゃねえか〟と、内心で笑ってたんだ」

はじめに細い伐木をいくつか滑らせて、スラの様子をたしかめる。しだいに下ろされる幹が太くなっていき、いよいよ御神木をスラ出しする順番となった。

通常ならば、爺様たちの居るウスから更に上で待機している〈声つれ〉という号令役が合図を指示する――はずだったのだが。

いつまで経っても、声つれから「来たぞ」の声は届かなかった。

「よほど手こずっているのだろう」としばらく待ってみたものの、人の声はおろかスラの軋みさえしない。気づけば、いつのまにか風の葉擦れや鳥の囀りまで消えている。

自分の耳が潰れたのかと思うほど、なんの音も聞こえない。

これは――なんだ。

爺様が戸惑うなか、その場でいちばん年長だった五助という男がついに痺れを切らし、「おい、日が暮れるじゃねえか」と言いながら、スラを歩いて上へと向かいはじめた。

「待て五助、どうも怪訝《おか》しいぞ。すこし様子を……」

慌てて爺様が背中へ声をかける——と、五助の足が止まった。

その場に立ち尽くしたまま、S字の先にある土手をぼんやりと眺めている。先ほどまでぷりぷり怒らせていた肩はすとんと落ち、両の手もだらしなく垂れ下がっていた。

「どうしたどうした」「なに惚けとるんだ」

ただならぬ様子に気づいた数名が、五助へ近づいていく——ところが。

「あ」「あ」

おなじ位置で、みな弛緩してしまった。

「……おうい、おうい」

爺様がなんべん呼びかけても男たちはいっかな応えず、土手のあたりを見つめている。

あいかわらず音はなにも聞こえない。木漏れ日だけが周囲に降りそそいでいる。

とうとう爺様は堪らなくなって、みなのもとへ小走りで駆けよった。

「お前ら、いったいなにを見て……」

訊ねながら、男の視線を追う。

「あ」

やはり自分も、短い声が漏れた。

土手の上に――人影が立っている。

髭を生やした男だが、異様に背丈が大きい。九尺（二メートル半）ほどもあるだろうか。

その巨大さも然ることながら、爺様は髭男の風貌にたいそう驚いてしまった。

男は、五角形をした緑色の帽子をぶかぶかと被っている。目を凝らすと、どうやら蕗《ふき》の大きな葉を器用に折りたたんで拵《こしら》えたものらしい。

着ている服は蔓と草を編んだものとおぼしかったが、身丈がまるで合っていない。袖は手が隠れるほど長く、裾もずるずると地面を這っている。

なによりギョッとしたのは、顔である。男は獣の血と思われる真っ赤な液体を、まるで紅を引いたように口のまわりへ乱暴に塗りたくっていた。

角ばった帽子、長い裾の着物、天然の口紅で化粧した顔。

あまりに異様な、けれども何処かで見たようないでたち。なにかを思わせる風貌。

記憶の糸を手繰《たぐ》るなかで、ふいに爺様は勘づいた。

これは、婚礼の衣装だ。

こいつは花嫁の真似をしているんだ――。

得心に思わず「はなよめ」と呟いた直後、

「見るな、声をだすな」

五助が早口で囁いた。

なぜ——と訊ねる気も起こらなかった。触れて良い存在ではないと直感が告げていた。爺様もほかの男に倣って顔を伏せ、目を逸らし、気配を悟られぬよう動きを止めた。

だが。

ウス場のいちばん下で待機していたシンという最年少の若者は、みなの背中に阻まれてなにが起こっているか把握できなかったらしい。「どうしたよ」と言いながら背伸びをして前を覗きこむなり「うわあっ」と大きな声をあげてしまった。

その途端——花嫁姿の男が顔をあげ、こちらを向いた。

思わず全員がびくりとする。同時に、男がその場へ膝をついて、

「おしあわせに」

裏声で言うなり、太い指で地べたをぼりぼりぼりぼりと掻いた。

ああ、そうか。畳に手をついての挨拶を模しているのだな——。

爺様が悟るのとほぼ同時に、男は這いずりながら後退し、藪へ潜るようにして消えた。

「それからまもなく、上から〝御神木が行くぞぉ〟と声が聞こえて、みな我にかえった。慌てて持ち場に戻ると、そのあとは誰も〈いま見たモノ〉について語ろうとしなかったよ。スラ出しが大変だった所為もあるが、なんだか口にするのが恐ろしかったんだろうな」

それでも懸命にスラ出しを続けるうち、爺様もだんだん冷静さを取り戻してきた。

あれは、単に背が高いだけの〈気のふれた男〉ではないのだろうか。

自身を花嫁と思いこんだあげく、山中で孤独に生きているだけの〈変人〉を、御神木の一件も手伝って、こちらが勝手に〈異形〉だと慄いた——それが真相なのではないか。

そのように考えなおし、心を落ちつけた——のだが。

スラ出しを終えての夕暮れ、山を下りた一行は村の手前の四つ辻に差しかかった。

すると——。

「え、え、え」

背後で、しゃくりあげるような声が聞こえた。

振りむくと、シンがこちらを見たまま後退っている。

「おい、なにを巫山戯《ふざけ》てんだ」

爺様の怒声にも、シンは返事をしなかった。「え、え」と声をこぼしながら、いま下りてきたばかりの山へ向かって、器用に後ろ歩きでずんずんと遠ざかっていく。

その足どりはゾッとするほど速く、誰も追いつけなかった。

「いや、追わなかったのは速さの所為《せい》ばかりではねえんだけどな。みんな〝こいつはもう助からねえ〟と察していたんだわ」

全員の確信どおり、シンはそのまま二度と帰ってこなかった。


のちに爺様が木材問屋から聞いたところによれば、あの御神木は地主あがりの素封家が高値で買いとり、新たに建てる屋敷の大黒柱にしたのだという。

けれどもその家は棟上げ直後から急病や怪我で家族が次々と倒れ、ついには主が心根を病んで、ある朝ふらふらと出かけたきり行方知れずになってしまったらしい。

まもなく屋敷は解体されたため、御神木がどうなったのかは誰も知らない。

かわおとこ

黒木あるじ

「やまよめ」とおなじSの爺様より聞いた、昭和半ばの出来事である。

曽根では、山で伐った木を〈カワガリ〉で里まで下ろすこともあった。カワガリとは河川に丸太を一本ずつ流す運搬手段で、一般的には〈管流し〉と称された方法である。爺様いわく「雪溶けで川の水嵩が増える春先は、手間のかかるスラ出しよりカワガリのほうが便利だった」のだという。

流送した木材は、流れの澱む場所に筏を編んだ〈揚げ場〉で回収される。揚げ場には二、三名の男衆が待機しており、流れついた丸太を引きあげ貯木場まで運んでいくのである。

「スラに比べれば楽だがよ、それでもたまには大変な目に遭ったぞ」

ある年の春——爺様は揚げ場のある河岸で、流れつく材木を仲間と待っていた。

雪こそすっかり消えていたものの、それでも川風はまだ冷たい。水の上に作った足場に立ちっぱなしでは、指が悴んで材木の引きあげも儘ならなくなってしまう。

「だから、風が届かねえ岸辺の土手で寝そべっていたんだけど、思いのほか暖かくてよ。雲雀《ひばり》の声を聞いてるうち、つい眠気に襲われちまったんだ」

と——微睡《まどろ》んでいた爺様の肩を、誰かが激しく揺さぶった。

「おい、おい」

眠りを妨げたのは、揚げ場を任されたもうひとりの男である。

「なんだよ、材木が着いたのか」

爺様の問いへ答える代わり、男は震えながら上流を指した。顔もひどく青ざめている。

「そんなに寒いのか」と訊ねたが、やはり男はなにも言わず、川のかなたを指で示した。

「悪い風邪でもひいたんじゃあるめえな。頼むから感染《うつ》すなよ」

軽口を叩きながら、むっくり起きあがって川に視線を移す。

「……なんだ、ありゃ」

近づいてくる丸木の上に、男がひとり立っていた。

男は山衆のようだったが、その顔に憶えはない。おまけに着ている半纏は泥だらけで、頭に締めたはちまきも結びが緩かった。

誰だ、あいつは。なんで丸木の上に立っているんだ。そもそも、どうして急流のなかで落ちずにいられるんだ。

次々と湧く疑問に背を押され、爺様は河岸へ近づいて目を凝らした。

と——男がこちらに気づいて、腕を大きく振りはじめた。

「いるかあ、いるかあ」

意味の判らぬ言葉を叫ぶ男の手には、肉のような桃色のかたまりが握られていた。男の手の動きにあわせ、桃色の肉もがくんがくんと左右に揺れている。

あれは、いったいなんだ——。

たしかめようと一歩近づくなり、全身にざざざっと鳥肌が走った。

人間の赤ん坊だった。

男は丸裸の赤児の足首を掴み、乱暴に振りまわしていた。

「これいるかあ、いらんのかあ」

やけに間延びした声をあげながら、男は腕を左右に振り続けていた。

揺さぶられるたびに赤ん坊の身体がすこしずつ崩れ、肉の形が歪んでいく。男も、赤児もまともではない。どう考えても生身の人間ではない。そんなものに反応してはいけない——と直感が告げていた。先年のシンが行方知れずになった一件も、まだ記憶に新しいころだった。

「おい、こっちへ来いッ」

爺様は呆然としている男の袖を乱暴に引き、無理やり土手へと組み伏せた。

「じっと伏せてろ」

「おい、あれはなんだ」

「いいから見るな。口を開くな」

「でも……もし材木が下流まで流れちまったら大変だぞ。放っておいて良いのか」

けれども、男の心配は杞憂に終わった。

ごすん——。

鈍い音におそるおそる振りむくと、大木は揚げ場の岸に流れついていた。男と赤ん坊の姿は何処にもなかったが、樹皮のあちこちが鋭い爪でも立てたように抉《えぐ》れていたという。

結局、爺様はその木を貯木場まで運ばず、岸辺の端へ転がしておくことに決めた。それを伝えても不満を口にする仲間はひとりもいなかった。一緒にいた男が〈あれ〉のことを報せたのか、あるいは聞かずともなにかを察したのか。そのあたりは判らない。

それから一、二年は放置された丸太を縁台がわりに使う者もあったが、そのうちに誰も座らなくなり――ある年の春、大木は忽然と姿を消した。

「あれほどの重い木だ、悪戯で持っていくような馬鹿はいねえと思うんだが……じゃあ、いったい誰の仕業か考えると、たまらなく厭な気分になってな。だから、それきりだ」

丸木があった場所はどういうわけか、しばらく草の一本も生えなかったそうである。

ヨーカビーの海

小原 猛

めぐみさんは、ある時友人と沖縄を訪れて体験ダイビングに参加した。短い時間であったが、沖縄の海の生物の多様さに引き込まれためぐみさんは、次の年の夏に貯金をはたいて沖縄にやってきて、本格的にダイビングのライセンスを取ることにした。場所は糸満市《いとまんし》の大渡海岸《おおとかいがん》で、めぐみさんの業者の他にも、いくつかのダイビングショップがその夏集まっていた。

めぐみさんは二週間のコースに参加していて、糸満市内の安宿に泊まり、その都度ショップの車で大渡海岸まで運んでもらった。

ある日のこと、帰り際にショップの店長がいった。

「みなさん、明日は平日ですがダイビングは休みです。実は沖縄には泳いではいけない日が何日かあって、明日はその日なんです」

「それって条例で決まっているんですか？」と誰かが聞いた。

「そういうわけではありませんが、大渡海岸は一応第二次世界大戦の激戦地に近かったものので、お盆や終戦記念日なんかは、基本的に海に入りません。ほら、死んだ人が足を引っ張るって、沖縄ではそういうんです」

そう説明され、その場にいた一同は納得した。

「本土でもお盆には泳がないもんね」と生徒の誰かがいった。

しかし明日はお盆でも終戦記念日でもなかった。なぜだろうと思っためぐみさんはそのことを店長にもう一度聞いてみた。

すると彼はこう答えた。

「えーとですね、明日は旧暦の八月八日なんです。方言ではヨーカビーといいますが、その日は妖怪日とも書くんです。つまり沖縄の妖怪の日なんです。そんな日に泳ぎたい人？」

店長はふざけた口調で全員にたずねた。誰も手を挙げなかった。そのまま、彼らは宿に戻った。

そして次の日、めぐみさんには朝から考えがあった。もしかしたら今日大渡海岸に行ったら誰もいないかもしれない。だったら時間を無視して好きなだけ泳げるかもしれない。

そう思うといてもたってもいられなくなった。水中メガネにシュノーケル、そしてフィンだけ持って、宿で原付バイクを借り、大渡海岸まで行くことにした。

天候は快晴で、自転車に乗って海岸へ行くのも楽しかった。大渡海岸には誰もいなかった。彼女はすぐに装備を身につけて海に入っていった。

大渡海岸は遠浅の場所で、しばらく海の中を歩いて、やがて深くなっているところに辿り着いた。めぐみさんはゆっくりと呼吸を整えてから、海に潜った。

海の底には珊瑚やウミヘビや、見たことのない魚や海亀などが優雅に泳ぎ回っていた。時間を忘れて、彼女は泳ぎ回った。

やがてお腹が空いてきたのがわかった。買ったばかりのダイバーズウォッチをみると、もうお昼を過ぎている。めぐみさんは足のつく浅瀬まで浮上して、メガネを外した。

濃霧であった。

海も海岸も、すべて真っ白な霧に包まれていることがわかった。太陽を見上げると、霧のせいでぼんやり霞んでいる。辺りは若干薄暗かった。もう何年も沖縄に通っているが、こんなことは初めてだった。

仕方ないのでダイビングは切り上げることにして、ジャブジャブ水音を立てながら、岸辺へと向かった。

と、霧の中、海岸線に人がいるのが見えた。それも一人や二人ではない。五、六十人くらいの人の塊が、何か大声で叫びながらこちらへやってくる。人々の衣服はみな粗末な感じで黒っぽく、髪の毛はボサボサである。やがて集団でこちらにやってくるバシャバシャという音と彼らの声もはっきり聞こえてきた。

低い唸り声だった。

言葉ではない。

背筋を何か冷たいものが走った。

次の瞬間めぐみさんは悲鳴を上げながら沖に向かって走っていた。先程のダイビングポイントまでやってくると、一気に海の中に潜って岸辺と並行に横に泳いだ。

とにかく一心不乱に泳いだ。

横に泳いでいけば、別の浜辺に出るはずだ。

恐怖に身体が震えてうまく泳げないし、吐き気も催してきた。

しばらくして顔を上げると、すでに大渡海岸は通り過ぎて、見えなくなっていた。岩場がいくつか見えていたが、ふと自分が泳いできた後ろを振り返ってゾッとした。

ちょうど大きさは人間の頭くらいの丸いものが、浮かびながらこちらに近づいてくる。色は黒で表面は焼けただれたようになっている。

それは確実にめぐみさんの後ろを追いかけてきていた。それをみてパニックになった彼女は、猛烈な勢いで泳ぎ出した。泳ぎながら恐怖で涙が溢れ出した。

お母さん助けて！　お母さん助けて！

死にものぐるいでしばらく泳いだ。かなり南下したが、やがて上陸できそうな入江を見つけた。浜に上がると真っ先に後ろをみた。黒い漂流物はなかった。霧もどこかに消えており、雲一つない快晴だった。

めぐみさんはなんとか大渡海岸の駐車場まで戻ったが、そこには突き抜けた青空と、誰もいないビーチが広がっていた。しばらく恐怖でバイクの側から動けなかった。

帰り道、バイクのスピードが全然上がらなかった。まるで重い荷物を引きずっているみたいだと何度も振り返ったが、何もなかった。そのまま民宿に戻ると、ちょっとした騒ぎになっていた。

宿の女子専用二段ベッドの部屋から煙のようなものが発生して部屋に充満したという。

急いで火元を確認すると、それはめぐみさんのベッドだった。しかし火の気はなく、ちょうどベッドの真ん中に穴でもあるかのように、そこからモクモクと白い煙が吹き出していた。二時くらいには煙は完全になくなったという。

結局、彼女はライセンスを無事に取りはしたが、それ以来沖縄の海では一度も泳いでいない。フィリピンやタイなどでは何度もダイビングしたが、沖縄だけはどうしても泳ぐ気になれないのだという。

ぼたもち

春南灯

「愛子ちゃん、わるいけんど、これを鬼鹿《おにしか》の浜に行って流してくれんか」

近所に住むトモエばぁちゃんから、突然、こんなお願いをされた。

運転免許を取って、初めて行ったロングドライブで見た、羽幌《はぼろ》の夕陽に心が震えて以来、休みの度に海岸線を目指すようになっていた。トモエばぁちゃんは、偶々《たまたま》、そのことを耳にして、訪ねてきたという。

差し出された袋の中には、手作りのぼたもちが三個入っていた。

「これは愛子ちゃんのぶん」

別の袋には、大人の握りこぶしほどの大きさのぼたもち。タッパーの蓋が閉まらず、隙間からあんこがはみ出している。

「わぁ、ばぁちゃんありがと！」

幼いころから、トモエばぁちゃんのぼたもちが大好物だ。甘すぎず、何個でもペロリといけちゃう。

「明日、休みだから行ってくるよ。ばぁちゃんも乗ってく？」

トモエばぁちゃんは、首を横に振った。

「わちは行かれん。もう行かれんよ」

そう呟いて、寂しそうに微笑んだ。グッと腰を伸ばし、「たのむね」と一言残して、斜向かいの家へ帰っていく。その背を見送っていると、いつの間にか随分と腰が曲がったように感じた。確か、大正生まれと言っていた。トモエばぁちゃんとは血のつながりはない。だが、子供の頃から、本当の孫のように可愛がってくれている。

翌朝、トモエばあちゃんから預かったぼたもちを持って、自宅のある士別《しべつ》市から、国道二三九号線を通り、オロロンラインと呼ばれる海岸線を目指した。鬼鹿の浜は、苫前《とままえ》町と小平《おびら》町の中間あたり。普段は、苫前町を北上し、羽幌を経て初山別《しょさんべつ》まで行くことが多かった。今回は、久々に、オロロンラインを南下する。

――ニシン番屋までは行かない辺りに浜があるって言ってたけど……。まぁ、近くまで行って訊こう。

現代と違って、カーナビもなくスマホもない。迷ったら誰かに訊く、もしくは駐在所を探す、そんな時代だ。

飛び出してくるエゾシカに驚きながら、緑が生い茂る山道をゆったりと進み、平地を経て、漸く海岸線へ至った。いつも北上しているものだから、つい、右折しそうになる。「左折、左折」と声に出して、海岸線を南下した。

見逃さないよう、ちらちらと横目で海岸を見ながら車を走らせる。

数十分走ったところで、トモエばぁちゃんの言っていた浜と思《おぼ》しき場所を見つけた。

お祭りでもやっているのか、砂浜は多くの人でにぎわっている。

——こんなに人目があるのに、流して怒られないかな……。

不安が押し寄せた。でも、じきに夕暮れになる。夕陽を眺めているふりをして、こっそり流せば大丈夫だろうと、駐車場に入ったが車が一台も止まっていない。

——あんなに人がいるのに。近所の人ばかりなのかな。

とりあえず、砂浜から一番離れた端に駐車し、水筒のコーヒーを飲みながら夕暮れを待った。

西の空が、じわじわと赤く染まり始めた。

——そろそろいいかな。

車の外に出ると、ツンと冷たい晩秋の潮風が頬を刺した。波の音に誘われ、浜へ向かうと、誰もいない。つい三十分ほど前まで、大勢の人でにぎわっていたのに。砂浜に足跡はなく、潮風が通った跡に海藻や貝殻が落ちている。

——あれぇ？

辺りを見回したが、人っ子一人いない。

——見間違えた？

首を傾げながら、波打ち際にしゃがみ込み、預かったぼたもちをひとつずつ、そっと流した。

ぼたもちは海水に溶けることなく、ぷかぷかと海面に浮いたまま、水平線から一直線にのびる陽射しに乗って、沖へと流れていった。

手には、あんこがべったりとついている。しかし、拭くものがない。

——後のこと考えてなかった……。

海水に手をつけると、ひゃぁっと冷たい。ばしゃばしゃと両手をこすり合わせて手を上げようとした刹那、冷たいものが、ぎゅうっと手のひらに絡みついた。

——あっ！

一瞬で海中に引き込まれた。慌ててもがくが、足がつかない。ごぼごぼと息が漏れる。かなり深いのか、漏れた息が、海面に向かってシャボン玉のように上がってゆく。

「やめてや！　やめてやぁ！」

どこからか、誰かが泣き叫ぶ声が聞こえる。何度も何度も、繰り返し、繰り返し、哀願する声が聞こえる。

息が尽きようとした、その時。ふっ、と身体が自由になった。

ばしゃばしゃともがき、どうにか足がついて、海面から顔を出した。立ち上がると、浜からわずかな場所、膝ほどの浅瀬だった。

——深い、海の底で溺れている感覚だったのに……。

咳《せ》き込みながら、ザバザバと水をかき分けて、陸へあがった。全身ずぶぬれで、寒くて寒くて震えが止まらない。

——とにかく車へ戻ろう。

ふっと顔をあげた。

目の前に広がる砂浜に、沢山の筵《むしろ》が並んでいる。

怒号が飛び交う中、ばたばた慌ただしく駆け回る人、人、人。

「おい！　こっちもだ！　早く！」

筵の下から、血の気を失った、青白い足の指が覗いていた。


目覚めると、知らない天井の下だった。浜で倒れているところを偶々発見され、羽幌の病院に搬送されたという。

幸い大事なく、三日後には退院し、自力で自宅へ戻った。

自宅へ着き、車から降りると、ぷぅんと線香の匂いがした。

斜め向かい、トモエばあちゃんの家の前に、「忌中」と貼り紙がある。

慌てて家に行くと、近所のおばちゃん達が出てくるところだった。


トモエばぁちゃんは、一昨日の朝、玄関先で息絶えているところを発見された。死因は溺死で、足に無数の砂粒がついていたという。

不審死であったが、一人暮らしの家の中には、本人の指紋しかなく、誰かが入った痕跡もなかったことから、事故死として判断がなされた。

終戦直後、昭和二十年八月二十二日。樺太《からふと》からの引き上げ船三隻が次々と攻撃を受け、二隻が海中に沈んだ。そのうちの一隻「泰東丸《たいとうまる》」は小平沖（鬼鹿村沖）で砲撃を受け、鬼鹿の浜に多くの遺体が流れ着いた。死者・行方不明者は六六七名。全体では、一七〇〇余名と、多くの方が命を奪われた。

愛子さんの記憶によると、トモエさんは北海道で生まれ、樺太で育ち、結婚を機に士別へ越してきた。子は無く、夫が他界して以降、一人で暮らしていたという。

「あの、三個のぼたもち、もしかしたら、トモエばぁちゃんの親しい方への供物だったんですかね。」

三船殉難事件を初めて知ったという愛子さんは、悲しそうに呟いた。

呼び水

若本衣織

「現像した中に、妙な写真が一枚紛れ込んでいたんです。見てもらえますか」

社会人サークルの後輩である小柳さんに呼び出された須藤さんは、ファミレスの席に着いて早々、一枚の写真を無理やり握らされた。

写真には小柳さんが何某《なにがし》かの石造物に手を合わせ、深々と頭を下げている姿が写し出されている。よく見ると、写真には幾本もの細い縦筋がノイズとして入っていた。

妙な部分というのは、この縦線のことだろうか。

「いえ、違います。この縦筋は印刷ミスじゃないかな。僕の家のプリンターが古いんで。そうじゃなくて、この写真自体が変なんですよ。何故だか分かりますか」

そう言われて、改めて写真を眺める。黒い筋が邪魔をして全体を把握するのが困難だ。

崩れかけた古い石に手を合わせる男性、随分必死そうな表情に思える。写真全体の違和感を強いて挙げるならば、随分上から撮られた構図である点が気にかかる。

まるで、木の上から撮られたかのようだ。小柳さんの帽子の天辺に留められた赤いリボンが綺麗に写っている。

「あ、本当だ。それには僕も気付きませんでした。先輩、本当に細かいところに気付きますね。でも、違いますよ。僕が言いたかった『変な』部分は他にあるんです。この写真の存在自体が変なんですよ。どうです、難しいですか」

小柳さんは瞳を爛々《らんらん》と輝かせながら、須藤さんの反応を窺っている。耐え切れず須藤さんが苦笑すると、彼は「降参ですかね」と勝ち誇ったように笑った。

「実はね、この写真、山の神様が撮ったものなんですよ」

十一月二十日。

小柳さんは三か月かけて練り上げたハイキング計画表に基づき、里山の入口でラジオ体操をしていた。普段、通勤手段として用いているロードバイク以外では運動らしい運動をしていない。そのため、三時間の行程を予定しているハイキングを円滑に進めるためにも、しっかりと身体をほぐし温めておく必要があると考えたのだ。

その日の平均気温は摂氏十五度前後、極薄手のダウンベストをパーカーの上に着てはいたものの、山の日陰は想像以上に寒く、小柳さんの身体にも小さく震えが走るほどだった。

彼が突然独りでハイキングを計画したのには、理由がある。

予《かね》てより好きだった漫画のアニメ化が決まり、良い機会だから是非とも聖地巡りをしたいと思い立ったのだ。丁度、仕事も閑散期であるし、会社から取得を促されているリフレッシュ休暇を当て込むのに最適のタイミングだった。中途半端な時期のため友連れはいないが、逆に自由に動けるのも魅力的である。

実際、これまでも思い出のシーンの舞台となった場所を何カ所か回ってきた。唯一、主人公が修行を行った山だけが最後に残されていた。尤も修行場のモチーフとした山の名前は公言されておらず、ファンの間でも活発な議論が為されていた。

小柳さん自身も、恐らくは作者の実家周辺だろうと当たりを付け、日々オンライン上の航空写真や地図と睨めっこをしていた。そして、とうとう探し当てたのがその場所だった。

だからハイキングとは銘打ったものの、その実態は自説を証明するための実証実験の気持ちである。半ば使命感を胸に、山に臨んだのだという。

平日ということもあって、他に山を登る人影もなかった。

そもそも観光地でもない、過疎に喘《あえ》ぐ田舎の里山である。よく見れば、山道には随分の量の落ち葉が堆積している。勿論、踏みしめた痕跡はない。久しく人が踏み入れていないのは明らかだった。

ここで野生動物に襲われたり、滑落や怪我でもしたものなら、まず見つからないだろう。

小柳さんは、自身が誰にも行き先を告げなかったことを、少し後悔した。


それでも滑り出しは順調だった。主人公が剣舞の練習をしていたシーンと似た構図の場所を見付け、該当ページと照らし合わせながら、何枚も何枚も写真を撮った。

これはひょっとしたら、本当に自分は大発見をしたのかもしれないぞ。

興奮で一気に身体が熱くなってきた。思わず、腕まくりをする。その時に、気付いた。

右の前腕部に、人の咬み痕があった。

ギョッとして、痕をなぞってみる。

なだらかな弧を描く二列の均等な凹み。虫刺されでもない、ジッパーを押し当てた痕でもない、明らかに人間の、それも子供の歯形だった。

何だこれは。いつの間に、噛まれたんだ。

気になってパーカーを脱ぐ。ある。左の二の腕の内側に二つ、右に一つ。服を捲《めく》れば、下っ腹に二つ、太腿の内側に三つずつ。小柳さんがズボンの裾を捲り上げている目の前で、新たな歯形がついた。ふくらはぎに一つ、ぬらぬらと唾液が光っている。

一気に血の気が引いた。

今この瞬間、得体の知れない何者かが、自分を捕食しようとしている。

そんな妄想が頭を過《よ》ぎる。非科学的なことは信じない主義ではあったが、自身が害されているという事実だけは否定しようがなかった。

兎に角、逃げよう。

撮影に邪魔だからと木の下に置いてあったリュックサックを回収する。手に取ってギョッとした。革でできているストラップの部分が千切れかけていたのだ。検《あらた》めるまでもなく、全体に歯形がくっきりと刻まれている。

幸か不幸か、ここまで登り坂の一本道。山に入ってから二時間ほど経過していたが、撮影をしながらだったので、大急ぎで降りれば一時間もしないで麓まで戻ることができるはずだ。撮影は十分ではないが、今は身の安全の方が大事である。

破裂しそうな心臓の音をどうにか落ち着かせながら、小柳さんは可能な限りの全速力で下山を始めた。しかし。

一時間、二時間歩いても、一向に景色が変わらないのだ。

山の中の風景に大した違いなど無いものだが、それにしても同じような道を歩いているような錯覚に陥る。そもそも、もう麓に到着しても良い時間である。すぐに着くだろうと高《たか》を括《くく》っていたため、食料も飲み物も早々に空っぽにしてしまっていた。腰に付けた万歩計を確認して見ると、歩数カウントは二万歩を超えている。

もう嫌だ、歩きたくない。

あまりの疲労感に、自然と足が止まる。途端、足首に鋭い痛みが走る。

ズボンの裾をまくる。丁度アキレス腱の辺り、白い靴下越しに血が滲んでいた。

「誰か。どなたか居ませんか。助けてください！」

堪らず、小柳さんは絶叫する。声が木霊《こだま》するだけで、それに対する応えは勿論、無い。

ブツッと何かが千切れるような音とともに、臀部《でんぶ》にも激しい痛みが襲う。

そっとズボンの中に手を差し込んで見ると、掌《てのひら》が真っ赤に染まる。生温い血液が太腿《ふともも》を伝っていくのを見て、全身の血の気が引いた。

このまま留まり続ければ、殺される。

恐怖と疲労で乾いた喉に、満身創痍の身体。だがここで蹲《うずくま》っているわけにもいかない。

どうにか力を振り絞り、一本道を全力で走り続けた。


五分ほど進んだところ、急に開けた場所に出た。崩れかけた石造物群が目に入る。

こんな光景を登りの時に見た覚えが無かった。しかし、今は人の痕跡を見るだけでも十分心強い。麓が近い証である。ただ、石造物自体は相当古いもののようだ。文字も風化して読むことができない上に、そもそも何の目的で作られたものかすら分からない。

ただ真新しいガラスコップに入った水が、一基の石の前に供されていた。手入れはされていないものの、人が定期的に訪れているのかもしれない。

ひょっとしたら、神様を祀る祠のようなものではないだろうか。

以前、仕事で訪れたダム建設現場の近くで、もう少し小ぶりではあったが、同様の形状の石祠を見掛けたことがあった。あれも確か、山の神を祀っていたはずだ。

つい目線が水に移る。思わず、喉が鳴った。何度も手を合わせながらコップを手に取る。

水が澄んでいる。コップにも汚れ一つない。鬱蒼と茂った山中だというのに、まるで今さっき水道を捻って汲んできたような状態である。

一口舐めてみる。甘い。甘味料の甘さではなく、円《まろ》やかで自然な美味さを覚える水だ。思わず一気に飲み干す。空になったグラスを拭い、石の前に戻して手を合わせた。

「申し訳ありません。後で何でもお持ちしますから、どうぞこの山から出してください」

必死になって祈る。すると突如、さあっと爽やかな風が吹き、樟脳《しょうのう》のような匂いが小柳さんの鼻腔を擽《くすぐ》った。弾かれたように風の吹いた方を見れば、今まで確かに存在していなかった道が口を開けていた。

あっちに行って良いものか。

そう逡巡したが、まるで道筋を示すかのように白い花びらが点々と落ちているのを見て、意を決した。

もう一度、深々と石にお辞儀をし、歩き出す。頭上を飛ぶ鳥たちの囀《さえず》りに混じって、女性が笑う声も聞こえた気がしたが、振り返らずにひたすら足を動かし続けた。

三十分も歩いただろうか、唐突に視界が明るくなったかと思えば、山の入り口へ着いていた。呆気に取られて周囲を見回すが、確かに小柳さんが入ってきた場所と同じことを示す道路標識が立っている。

慌てて地図を確認する。やはり、ここに出るルートは一本道である。小柳さん自身が辿ってきたルートを思い返すも、やはり行きと帰りが同じ道程だったとは思えない。

「ちょっと、あんた。こんなところで何をしているの」

地図を見ながら唸っていたのが余程不審だったのだろう。小柳さんが驚いて振り返ると、腰の曲がった老婆が訝《いぶか》し気な表情で立っている。何と答えたら良いものか思案している小柳さんを見て、老婆は更に眉を顰《ひそ》めた。小柳さんの全身は、血と泥に塗《まみ》れている。

「あんた、山に入ったね。馬鹿だよ、ここは死人の山なのに。行楽で来るような所じゃないんだよ」

死人の山とはどういう曰くなのか。流石に気になり、小柳さんは自身の体験を老婆に語る。老婆は額に浮いた皺《しわ》を更に深めて、長い溜め息を吐いた。

「幽霊がどうとかは聞いたことないけどね。大昔、この辺りは激しい飢饉があって、大勢亡くなったんだよ。遺体だけじゃなくて、弱った病人や老人、子供なんかも山に捨てたという話を、私も爺さんに聞いたことがある。兎に角、ここは私が子供の頃から忌み地で、地元の人間だって絶対近付きやしないんだ」

それだけ吐き捨てるように言うと、「さっさと帰れ」と言わんばかりに小柳さんを睨みつけて去っていった。それを聞いて恐ろしくなり、小柳さんも慌てて帰りのバスに飛び乗ったという。

「あとから体中を調べてみたんだけど、嚙み跡なんか無くて。やっぱり夢を見たんだと思っていたら、出てきたのがこの写真だったんですよ」

小柳さんは興奮を隠せない様子で、机を叩いた。

「ね。僕がお参りしている写真なんか、自分で撮れるはずがないでしょ。やっぱりあの時、僕は山の神様に助けられたんだと思うんです。だから、今度また御礼のために伺おうと思って。勿論、あんなことを言われたけど、登山道もあったし水も供えてあったし、人の痕跡はあるんですよね。絶対、漫画の聖地はあそこだと思うので、写真も撮りたいんです」

矢継ぎ早にそう捲し立てると、写真を大事そうにカードケースへと仕舞った。

「僕、山の神様に気に入られちゃったのかな。あの水も本当に美味しかった。水道水じゃないと思うんです。あの山の湧き水かな。また飲みたいな。今度は大きなボトルに入れて、持って帰ろうと思うんです」

そう宣《のたま》う小柳さんの表情があまりにも恍惚としていたため、須藤さんは写真に抱いた違和感を改めて伝えることができなかった。そして、現在もそのことを強く悔いている。

あの写真には、小柳さんの認識とは相違する点が幾つもあった。

写真に写っている石造物は山の社《やしろ》ではなく、明らかに墓石であること。

線のようなノイズは印刷ミスではなく、髪の毛が写り込んでいるように見えること。

撮影者の位置が、どう低く見積もっても三メートル以上であること。

そして、この一枚の写真だけ、土と樟脳のような匂いが染み付いていること。

「とりあえず、気を付けて行ってきてくださいね」

そう言って送り出した小柳さんは、五年経った今でも行方不明のままなのだという。

渓流怪談

平谷美樹

日頃、薄暗い書斎で原稿ばかり書いているわたしだが、たまに目映《まばゆ》い陽光の下、渓流《かわ》へ魚釣りに出かけて気分転換をはかっている。

釣り方はフライフィッシング。竿を前後に振ってラインを飛ばし、毛鉤《けばり》で魚を釣る釣《ちょう》法《ほう》である。基本的にキャッチ＆リリース。たまにイワナの骨酒を飲みたい時だけ一匹持ち帰る。毛鉤も竹の六角竿も自作。古いタイプのリールに、絹糸で編まれたシルクラインを巻いて、ご機嫌で渓流に出かける。

古い民家や田圃の中を流れる里川で釣ることもあるが、お気に入りは人家もない山の中の渓流である。川の音と、木々が風で揺れる音、鳥の声しか聞こえない、そんな場所で竿を振るのはとても気持ちがいい。

しかし——。気持ちがいいことばかりではなく、時には不気味な出来事にも遭遇する。

誰もいないはずの山中の流れで釣りをしているとき、背後からとか耳元で声をかけられることはよくある。もちろん、振り返っても誰もいない。ああ、声をかけられて振り返ったら墓地があったということはあった。

釣りの帰りの車に、目に見えないモノに乗り込まれたこともあった。

だが、突発的な出来事であるから、前後の流れを入れてもとても短い話でしかない。

だから、幾つか集めてお話しよう。

生首堰堤

フライフィッシング（以後フライと記す）を始めて間がない頃。わたしはまだ教師をしていた。夕方、帰宅する前にちょっと川によって釣りをするのが日課となっていた。

その川は里川であったが、木々に囲まれて周囲に人家は見えなかった。

その日に立ち込んだのは、堰堤《えんてい》。小さなダムである。幅三〇メートルほどのコンクリートの堤体が川を堰き止め、流れ落ちた水は一旦、堤体下のプールに溜まる。プールには高さ二メートルほどの壁があって、そこから溢れた水が川となって流れ下っているのだった。

プールの壁は一・五メートルほどの厚さがあって、岸辺の土手に繋がっているから、釣り人はその上を歩いて堤体《ていたい》下のプールの魚を釣ることができた。壁を流れ落ちる水は踝までも届かないので、長靴を履けば通路のようになったそこを歩いて川を横断して、プールの好きな場所に毛鉤を投げ込めた。初心者には極めて都合のいい場所だった。

辺りが暗くなるまで毛鉤を飛ばした。魚が釣れたかどうかの記憶はないが、そろそろ帰ろうとした時、土手に懐中電灯の明かりを見た。そちらに目を向けると、オジサンが堤体の端近くの草むらへ歩いていくのが見えた。

ああ、釣りに来たのか——。わたしはそう思った。プールの壁は長いから、釣り人が一人、二人増えてもこちらの邪魔にはならない。

しかし、オジサンはいつまでたっても下りてこない。

チラリと目を向けると、草むらの中にオジサンの顔が見えた。オレンジ色のキャップを被ったオジサンは、じっとこちらを見ている。

何をしているんだろう——。と思いながらわたしはしばらく竿を振った。

だが、オジサンは下りてこない。見ると、まだ草むらの中からこちらを見ている。

ああ、キジウチをしているのだ——。とわたしは頷いた。キジウチとは、野外で大便をすることを言う。キジウチをしたはいいが、紙がない。だからわたしに助けを求めているのだ。そう考えた。

わたしの車にはボックスティッシュがある。それを渡してやろう。

そろそろ引き上げる頃合いだと思ったわたしは、ラインをリールに巻き込みながらプールのへり縁を、土手に向かって歩いた。オジサンに目を向けながら。

すると、わたしの視界の中で、気味の悪い変化が起きた。

オジサンの顔が、しだいに薄れてきたのである。半透明になって背後の草むらが透けたと思った途端、オジサンの顔は消えて、帽子はノカンゾウのオレンジ色の花となった。

わたしはゾッとした。人ではないモノを見ていたのだと思った。

土手に駆け上がり、竿を車のラゲッジに放り込んで、わたしはエンジンをかけて、堰堤を逃げ出した。

この話は自分の体験談だが、おかしな所が幾つもある。懐中電灯を灯すくらい辺りは暗かったのである。当然、街灯などはないから、飛ばした毛鉤が見えるはずはない。そして、日暮れ以降に魚を釣るのは密漁となる。

そんな状況で、なぜわたしは釣りをしていたのか？　なぜ草むらのおじさんの顔が見えたのか？　記憶の中の映像は、まるで撮影の照明を当てているかのように明るいのである。

ともあれ、わたしは次の日も釣りに行った。前日の気味の悪い出来事があったから、明るいウチに帰ろうと思い、プールの縁へ下りた。

その日も、魚が釣れたかどうかの記憶がない。

堤体の向こう側に日が落ちて、プール全体が堤体の影に覆われた頃、わたしは釣りを終えることにした。

ラインを巻き取って帰ろうとした時、ソフトボールを半分にしたくらいの泡が一つ、水面に浮いているのが見えた。プールの縁から二メートルほど奥である。

その泡は、プールを横断するように流れていた。

わたしは足を止めた。

プールの水は堤体側から下流に向かって流れている。泡ならば、その流れに沿って動くはずだ。しかし、流れを横切るように動いている。

わたしはプールの縁ぎりぎりに立って、その泡を観察した。

泡ではなかった。半透明の、坊主頭をした男の横顔であった。鼻から下を水に沈めて、対岸に向かって動いているのである。

わたしは思わず竿を泡の方へ差し出した。つついてみようと思ったのである。泡はすっと竿先をかわした。そして、堤体の方へ進んで、影の中に溶け込むように消えてしまった。

気味の悪いことが二日続いた。一番不可解なのはわたしの心理だった。

次の日も、わたしは堰堤を訪れたのである。

暗くなる前に帰ればいい。昨日もそう思って怖い思いをしたというのに、それが理性的な判断だと思いこんでいた。

前の二日同様、魚が釣れたかどうかの記憶はないが、わたしは昨日よりも早い時間に釣りを終えた。太陽はまだ堤体に隠れていなかった。

こんなに明るいから大丈夫――。

以前から何度も怪異を体験していて、この世ならざるモノたちは、明るかろうが暗かろうが、出るときには出るのだという認識は持っていたのである。しかし、この三日間、わたしは経験則を忘れ去っていたようだ。

わたしは土手に上がって、竿を仕舞う用意をした。二本継ぎの竿を抜いて片手に持った時、左側のチシマザサの藪がガサガサッと鳴った。

素早くそちらを見ると、笹が揺れている。その揺れがこちらに近づいてくる。狸か野良猫か、そのくらいの大きさのものが、笹藪の中を進んできているのが分かった。熊ではなさそうだったから、わたしは何が笹藪から出てくるのか見ていた。笹藪を飛び出してきたのは、真っ黒いモノだった。

「わっ」

と、身を引いた。

長い縮れた毛が全体を覆っていた。

ソレは体を揺するようにして藪を飛び出すと、わたしの長靴の甲の上を駆け抜け、右側の笹藪の中に入っていった。

わたしの足の上を通っていったのだから、その姿ははっきりと見た。

汚れた毛がもつれて束になって、細かく砕けた枯れ葉や小さいゴミが幾つも挟まっていた。毛の一本一本がはっきりと見えたし、油染みて埃《ほこり》を被った様子も、乾いた枯れ葉の色も鮮明に思い出せる。ソレは、獣にしてはどちらが尻尾でどちらが頭かも分からなかった。

何度も背筋に冷たいものが走り、わたしは車に駆けた。

わたしは美術の教師だった。授業の途中、生徒たちに恐い話をすることがよくあった。

当然、その三日間の話もした。

話を聞き終わった生徒たちの中に、勘のいい子がいた。

「先生。それ、獣なんかじゃないよ。生首だよ」

言われた瞬間、わたしの足の上を走り去ったアレの姿を思い出した。

振り乱した髪が顔まで隠した生首――。確かにそんな姿であった。

では、三日間の不気味な出来事はなんだったか。まるで妖怪か何かに誑《たぶら》かされたような体験であった。

それから数年経って、生首の正体に関するものかもしれないと思われる情報が入った。

わたしが釣りをしていた川の支流の沢に関する昔話である。

後三年の合戦――九四〇年ほど前の奥州《おうしゅう》を支配していた安倍氏と源氏の合戦である。

その戦で安倍氏は滅亡した。その合戦の最中、討ち取られた安倍軍の兵の首を山積みにし、その血で沢が真っ赤に染まったという言い伝えである。

切り落とされ、放置された首――。あの髪の汚れ具合は、まさにそういう感じであった。

密漁

日没後の釣りは密漁であるということは前の話で書いた。

これはその密漁者の話である。わたしの体験談ではなく、友人から聞いた話である。

ある男がイワナの密漁を計画した。岩手県のかなり山奥を流れる渓流でである。

密漁には幾つか方法があるが、その男が使おうと思ったのは、魚を感電させる方法。バッテリーを使った密漁であった。魚体に傷がつかない方法であるから、温泉宿や料理屋に天然物として卸すつもりだったのだろう。

深夜、男は車にバッテリーを積んで出かけた。

その渓流はわたしも何度か行ったことがあるが、周辺十数キロに人家もなく、道も舗装されていない。道幅は車二台がすれ違うのがやっと。道の途中にはそれより細い場所もある。しかもガードレールはなく、川まで十数メートルの崖という状態である。

もちろん電線など通っていないから街路灯もなく夜間は真っ暗である。

ヘッドライトに照らされる道には水溜まりがあり、そこを踏んだタイヤの痕がないことから、ここ半日は車が通っていないことが分かった。

男は用心しながら悪路を進み、川と道が近づいた場所にある空き地に車を止めた。

男は頭にライトをつけ、車のトランクからクーラーボックスとバッテリーを降ろし、川へ向かおうとした。

すると、物音が聞こえた。

ザッ　ザッ　ザッ　という未舗装路を歩く足音である。

男がまず考えたのは、自分と同じ密漁者であった。しかし、来た道にタイヤの痕はなかった。この先は山中で道は途切れるから反対側から来ることはできないのだが――。

さてどうしようかと思っているうちに、足音は間近まで来た。

ライトの明かりの中に、足音の主が現れた。

手拭いで頬被りをした老婆であった。

田舎でよく見かけるような割烹着姿で腰の曲がった老婆である。

老婆は男の方に顔を向けた。

「おばんでがんす（こんばんは）」

と言うと、老婆は散歩でもするかのように通り過ぎた。

この辺りに人家はない。あの老婆は、どこから来てどこへ行くのか？

そう考えた途端、全身に冷水をかけられたような悪寒をおぼえた。

男はクーラーボックスとバッテリーをトランクに放り込むと車に飛び乗り、エンジンをかけた。

来た道を猛スピードで戻る。老婆が歩いていった方向である。

だが、歩く老婆の姿はなかった。

隧道

今はダムに沈んでしまったが、怪異が起こると有名な隧道《ずいどう》があった。

綺麗な渓流に向かう途中の、手掘りのトンネルであった。

わたしは何度もそこを通ったが、ついぞ怪異に遭遇したことはなかった。

ある時、都会から友人が訪ねてきて、釣り場を案内することになり、わたしはその隧道の先のM川を選んだ。周囲に人家がなく、上流にある堰堤までの間はまったく人工物が見えない。自然を満喫するために訪れた都会の友達を案内するには最良の場所だと考えたのだった。

わたしの車を先頭に、友人の車が隧道をくぐる。

手掘りの荒々しい削り痕が残る岩が、ヘッドライトに照らされる。

道の幅は車がすれ違えるかどうか。とても狭い。

リアヴューミラーに友人の車のヘッドライトが映っている。さして長くない隧道だから、入り口の明かりが見える。

隧道を出ると、目映い陽光。未舗装の道を土煙を上げながら二台の車は進んだ。

しばらく走ると道は森の中を進む。右から流れる沢があり、橋が架かっている。

わたしは橋のたもとの広場に車を止めた。橋の脇から沢へ下りる道があり、沢は目的のM川に合流していた。

横に停まった車から二人の友人が出てきた。

「それにしてもさっきの車はどこへ行ったんだ」

一人の友人が言った。

「隧道の中には広くなっている所はなかったからどこへも行きようはないよ」

もう一人が言う。

「何の話?」

とわたしは訊いたが、彼らの話に心当たりがあった。

「おれたちの車が隧道に入ってすぐに、後ろから車が入ってきたんだ。ところが、隧道の途中でその車が消えたんだよ」

都市伝説的な噂話の類だと思っていた――。

その隧道には、友人が話したとおりの噂話があったのだった。

「ごめん。ただの噂だと思って言わなかったんだけど――」

わたしがその噂話を話すと、二人の表情が凍りついた。

都市伝説に取り込まれた瞬間だった。

作り話だとばかり思っていた都市伝説と同様の体験をしたという話は、以後、時々わたしの元に舞い込んでくる。

M川のミイラ男

友人が怪異を体験した隧道の先のM川には別の怪奇な話がある。

これはわたしの友人から聞いた話である。

ある釣りグループが、二台の車に便乗してM川に釣りに行った。明るくなったらすぐに川に入ろうと、夜のうちにM川へ行き、車中泊をすることにしていた。

一台に二人。椅子をリクライニングしてシュラフを被り、仮眠をした。

前の一台に乗っていた二人は、突然の激しい揺れに目を覚ました。

地震だと思ったのであった。

目を覚ましても、車体は揺れ続けている。

外は満月。銀色の明かりが辺りを照らしている。

そして、月明かりは、フロントガラスの向こう側にいるモノも照らしていた。

全身、包帯でグルグル巻きになった人物が、フロントに両手を置いて車を揺らしているのだった。

二人は絶叫した。

運転席と助手席の窓が叩かれた。

二人は悲鳴を上げて窓を見た。

後ろの車に乗っていた二人が、慌てた様子で窓を叩いている。

前の車の二人はフロントガラスに目を向ける。車を揺らしていたミイラ男は跡形もなく消えていた。

後ろの車の二人は、絶叫を聞いて飛び起き、駆けつけたのだった。

M川のミイラ男の話はこれだけしか知らない。噂話として広がってはいなかった。

嘘をつくなら、もっとそれらしい嘘がつける。

おそらくその二人は、包帯だらけの人物か、あるいはそれに似たモノに車を揺らされたのだ。

何者が、なんのために——。

山や森や川で出会う怪異は、説明のつかないものも多い。

盆の釣り

盆には釣りをしてはならない——。わたしは今でも守っているが、盆休みくらいしかまとまった休みを取れない、都会に住む人々は、盆にも釣りをするようである。

わたしも、釣りを始めた当初は〈いつでも釣りをしたい派〉であった。

けれど、盆には釣りをしてはならない。

ならば――。

盆は夕方の迎え火から始まる。ならば午前中に釣りをする分には構わないだろう。そういう理屈をつけて、わたしは八月十三日の午前中、とある川に出かけた。当時は家内も釣りを始めていたので、一緒に車に乗った。

林道を走り、山の奥へ分け入り、とある堰堤上の川原に車を止めた。その川の最後の堰堤で、その上流は人の手が入っていない渓流である。

二人で交互に竿を振ったが、まったく魚の反応がない。

わたしたちが好むのはドライフライといって、水面に浮かぶ毛鉤である。魚は水面に羽虫が浮かんでいると勘違いして水中から飛び出してくるから、スリリングな釣りができる。偽物だと途中で気づいたとしても水中で反転する魚影が見えたり、水面が少し盛り上がったりする反応が現れるのだが、毛鉤は水の流れに乗って下るばかりだった。

家内は諦めて「車で待ってるから」と、引き上げた。

わたしはもう少し釣り進もうと竿を振った。

竿を前に振ることをフォワードキャストといい、ラインは前に飛ぶ。後ろに振るのをバックキャストといい、ラインは後ろに飛ぶ。

　バックキャストをしてフォワードキャストに移った瞬間、竿にガツンッと衝撃があった。振り返ると、毛鉤と先糸が背の高い雑草にからまっていた。

　ブツブツと文句を言いながらそれをほどき、今度は後ろに障害物がないことを確かめてキャスティングした。しかし、またバックキャストで竿に衝撃が走った。

　後ろを見ると、毛鉤と先糸が雑草にからまっている。ラインは、わたしが予想した角度とは別の方向へ飛んだようだった。

　初心者ではあったが、後方を確認した後にそういうトラブルを起こしたことはない。

　首を傾げながら先糸をほどき、また後ろを確認してキャスティングする。

　ガツンッと竿に衝撃。

　振り向くと今度は岸辺の木の枝にからまっていた。

　腹を立てながら糸をほどきに行った瞬間、全身に悪寒が走った。

　人の気配を感じたのだ。

　十数人がわたしを遠巻きにして、ニヤニヤと笑っている――。

　そういうイメージがわたしの脳裏に閃いた。

　当然、辺りには誰もいない。しかし、真夏の太陽に照らされたその川に、確かに十数人の気配を感じた。

わたしは枝から毛鉤を回収すると、ラインをリールに巻き取った。川下に歩く。気配が薄れた辺りで立ち止まり振り返って怒鳴った。

「生きてる人間の楽しみを邪魔するんじゃねぇ！」

わたしの声は深い森に吸い込まれた。

強がってはいたが、もう釣りどころではない。小走りに車に戻った。

ドアを開けると家内が、

「一度戻ってきた？」

と訊いた。

「いや、あれから少し先まで釣って、バックキャストが雑草に引っ掛かるから戻ってきた。なんで？」

「あたしが車に戻って少ししたら熊鈴《くますず》の音がしたのよ」

熊鈴とは、熊除けに鳴らす鈴で、わたしはフィッシングバッグのショルダーストラップにぶら下げている。馬具屋さんが作った頑丈なもので、分厚い真鍮《しんちゅう》で作られた大きな鈴が二つ取りつけられた物だった。音が独特で、それまで同じ鈴をつけた釣り人に会ったことはなかった。

「別の釣り人が来たんじゃない？　車を見て諦めて帰ったとか」

「いいえ。あなたの熊鈴の音だった。それが近づいてきて、車の周りをグルグル回るんだけど、あなたの姿は見えないから変だと思ったの。いつの間にか聞こえなくなったけど」

「そうか……」と言ってわたしは車に乗り込んだ。そして、さっき上流であった出来事を話しながら車を出した。

車が林道に上った瞬間、またしても悪寒が走った。

車の中にいる——。

後部座席に二人の気配があった。リアビューミラーを覗いても誰もいない。ニヤニヤ笑っている気配がある。

「振り向くなよ」

わたしは言った。車に乗っているときに怪異を感じると、よく言う言葉なので、家内は理由も訊かずにわたしの言葉に従った。

林道を降りて、最初の集落に入った時、一人の気配が消えた。

次の集落でもう一人の気配が消えた。

わたしはホッとして家内に「もういいよ」と言った。そして、何があったのかを話した。

思うに、アレは、盆で帰ってきた霊たちではなかったか？

家に帰る前に川に寄った釣り好きの霊たち。その中の二人が、帰るわたしの車に便乗して、家に戻った——。

怪異を解釈するのは嫌いだが、そういう物語を作ってみると、恐怖は少し和らいだ。

蝋燭

以前、わたしの町には小さいフライショップがあった。フライフィッシングの専門釣具店である。時々、そこの店長や従業員さんと釣りに行った。

わたしの知らない渓流に連れていってもらうことが多かった。秋田では、夕暮れの薄闇の中で、水音も立てずに川面を跳ねる、四十センチほどの白い魚影を見たことがある。あれは確かにこの世の物ではなかった。

この話は、フライフィッシャーの憧れ、岩手県遠野市の川での体験である。

昔は、砂底の川から大きな山女魚が飛び出して毛鉤をくわえる、楽しい釣りが出来る川が多かったが、大雨で川が壊れたり、改修のために重機が入ったりで、魚の数は激減した。県外からも大勢のフライフィッシャーが訪れるから、そのプレッシャーもあって魚が警戒しているのかもしれない。なんにしろ、年季は入っているがいつまでも下手くそなわたしには釣れない川ばかりになった。

しかし、その当時は、特に水生昆虫が水面で羽化する夕方、ドライフライで釣りをするのが楽しい場所が多かった。

夕方に羽化する羽虫を、魚が飛び出して捕食するのをイヴニングライズという。

フライショップの従業員さんと午前中から釣りをして、イヴニングライズを狙い、とある堰堤下に入った。

爆釣《ばくちょう》とはいかなかったが、満足するくらいの釣りをするうちに、辺りは藍色に暮れて、水面に浮く毛鉤も見えなくなった。

話は逸れるが、夕闇の中で毛鉤がどこに浮いているのかを知るためには、凝視してはならない。視野の隅で毛鉤を捉えるようにすると、かなり暗くなっても毛鉤が見える。

実は、わたしが霊を見る時の感じによく似ていることに気づいた。凝視すると闇に紛れるが視野の隅で見るとぼんやりとその姿を現すのである——。

閑話休題。「そろそろあがりましょうか」ということになって、わたしたちは川を出て橋を渡る。

その時、川の中州にチラチラ光るものを見た。

わたしは、釣り人のライトだと思った。イブニングライズを狙うフライフィッシャーは小さなライトを携帯している。毛鉤には糸を通す穴があるのだが、暗くなるとそこに先糸を通せなくなるのだ。だからライトで照らして糸を通し、毛鉤を先糸に結ぶのである。

そのライトだと思ったのである。しかし、もう空には星々が瞬いていて、夕方ではなく夜である。もう密漁の範疇だ。

「頑張ってる人がいるねぇ」

わたしは歩きながら言った。

「えっ、どこ？」

家内には見えないようだった。従業員さんも同様である。

わたしが目を戻した時、立木の陰に隠れてしまったのか、釣りをやめて川を渡り、岸に上がったのか、ライトの光は見えなくなっていた。

わたしたちは今日の釣りを振り返り話しながら橋を渡り切り、車を止めている空き地に向かって歩いた。道は川から一段高くなっていて、川原との間に繁った低い木々によって川面は見え隠れした。

車が近づき、河畔の木々が途切れて黒い川面が広く見えた時である。

異様な景色がわたしの目に飛び込んできた。

小さなオレンジ色の光が幾つも川面に揺れている。

川面を埋め尽くすような、蝋燭の灯だった。数千の蝋燭の灯と、川面に映るその明かりが静かに揺れているのだった。

「蝋燭——」

わたしは言って指差した。

「えっ、どこ?」

家内はライトの時と同じ反応をした。

「蝋燭の灯が川面にいっぱい」

わたしが川を見ながら言うと、従業員さんは、

「今、わたしたちは超常現象の真っ直中におります」

と、レポーター風に言った。その声は微かに震えていたように思う。

遠野の川に揺れる、何千という蝋燭の灯。

フォークロア的な意味が潜んでいるような気がするが、解釈はすまいと思う。

ただただ美しい景色がいまでもわたしの脳裏にある。


ほとんどわたしが渓流で体験した出来事である。細かい怪異を数え上げればきりがない。

山も森も川も、太古からなにか不思議な力を宿していたとわたしは思う。県土の八十パーセント以上が森林である岩手には、まだまだ古の力が残っているのであろう。

知り合いの釣り人は、渓流で怪異を目撃することを不思議とは思っていない様子である。

それは、山や森や川の中で無心で釣りをすることで、何かの力と感応しているからかもしれない。

煙突

春南 灯

テレビ番組を見ていて偶々目にした、色とりどりの紅葉を纏う、美しい山並みに心を奪われた。麻美さんは、〃北海道・姿見《すがたみ》の池〃と表示されているテロップをそのまま検索し、ルートを確認してすぐ、飛行機のチケットを予約した。

羽田空港から、旭川空港へ。そこからはレンタカーで現地を目指した。登山は全くの初心者である。姿見の池の最寄りまでは旭岳ロープウェイを利用した。

散策路を経て辿り着いた池の周囲は、多くの人で賑わっていた。

秋晴れの抜けるような青空、透き通った青い水面に旭岳が映っている。

周辺の紅葉がフレームのように彩りを添えている。あまりの美しさに息を呑んだ。

ザバーッ！

突如、大きな音が轟《とどろ》いた。浴槽から大量の湯が溢れた時の音と似ている。

——噴火?

噴石を恐れて身構えたが、峰々に変化はない。そして、散策路を往来する登山客達が何かを警戒する様子もない。

——なんだったんだろう。

池に視線を戻し、目を見張った。

池から、巨大な白い煙突がにょっきり生えている。

工場地帯の一角に聳えているような、大きな大きな煙突だ。

——アトラクション? でも、ここ、国立公園だよね……?

突然現れた異物に釘付けられた。

——ん?

煙突の上の方で何かがパチパチと動いている。目を凝らすがはっきりとしない。

首から提げていたカメラを向け、ズームをしてモニターを見た。

二つの目だ。

その瞼《まぶた》は、パチパチパチパチパチ忙しく瞬きをしている。

何が何だかわからないが、夢中になってシャッターを切った。

ザザザザザザー

轟音とともに、池の水を大きく波立たせながら、煙突がしゅるしゅると縮んでゆく。

あっ、という間に池の中へ消えた。

――何、何なの？

驚いて、手すりから身を乗り出した。

池の水面は、何事も無かったかのように、静かに山の頂を映している。

周囲を見回すが、皆、さっきの自分のように、「綺麗ね」と美しい景色を愛でていた。

――あ、そうだ、カメラ。

握りしめたカメラのデータを確認しようと操作したが、「データがありません」と表示された。ＳＤカードを取り出すと、どうしたものか、真ん中から真っ二つに割れていた。

祠

鈴木 捧

ひとつの山を登って下りるのではなく複数の山をつないで歩く登山のことを縦走という。山頂から次の山頂へは、稜線上を歩く。これが標高の高い山であれば展望が開けている場合が多いが、低山ではそうもいかない。基本的には樹林帯の中を進む地味な行程だ。とはいえ、山での経験を重ねるにつれ、そんな景色の見え方も変わってくる。地形や植生の変化、古くから歩かれてきた道の痕跡など、目の前の風景の成り立ちや意味が見えるようになる。

タニさんもそんな低山縦走の醍醐味に魅了されたひとりだ。毎年、温かい時季は高い山を登るが、気温が下がって歩きやすくなる秋の半ばから冬にかけては専《もっぱ》ら低山縦走を楽しんでいた。そんなタニさんが山梨県内のある低山の連嶺で体験した出来事について教えてくれた。

地方の低山にはよくあることだが、その連嶺をつなぐ道も不明瞭でやや荒れたものだったらしい。

ところどころ落ち葉に埋もれた登山道が獣道と交差し、倒木が道を塞ぎ、斜面を横切るようにつけられた道も端が崩れて滑りやすくなっている。

そんな中にも道中の木々には登山道を示すビニールテープの目印が時折巻き付けられていて、最低限の進行方向はなんとか分かるようになっていた。

そんな目印が、ある地点で稜線から脇の谷の方へ下る方向に見えた。少し訝しく思ったが、地面には薄っすらとそちらへ向かう踏み跡がある。斜面に被さるような灌木を回り込むように続く踏み跡の先が気になった。

踏み跡を追っていくと、僅かで谷筋の沢に合流した。沢に沿うように目の前に三つの大岩が転がっている。岩はタニさんの背丈ほどの大きさがあって、目の前にちょっとした壁を作っていた。周囲に似たような岩はなく、その三つだけがぽつりとある。落石だとしたら不思議だなと思った。あたりの様子を見ようと岩の裏に回ったとき、祠が目に入った。

ちょうど岩の陰になるように、石造りの門のような祠が立ててある。タニさんの膝くらいままでの高さで、自然石を使ったと思しい簡素なものだが、確かに小さなお社を思わせる形に組み上げてある。

祠の中央のくぼみに小銭がたくさん投げ込まれていたが、微妙に違和感がある。何だろうと思ってしゃがみこんでよく見てみると、その多くは旧硬貨だった。穴の開いていない五十円玉や一回り小さな十円玉など、今は流通していないものだ。

少し時を遡れば、賑わいのある登山道だったのだろうか。その痕跡は往時の様子を偲ばせるものではあるが、山中においてこういった祠自体はそこまで珍しいものではない。

もとの登山道に戻ろうと立ち上がったときだ。首の後ろのあたりをくすぐるような生温かい空気の動きを感じた。意識だけそちらに向けると、低く大きな息遣いを感じる。呼吸の合間に太い唸り声が通奏低音のように聞こえた。

大型の獣だろうか。それにしても近い。内心に動揺はあったが、同時に頭の芯は奇妙に冷えてもいた。下手に動いても仕方がない。動くにしてもゆっくりとだ。自然にそこまで考えられた。

じりじりとその場から離れようとしたところで、後ろの気配が動いた。獣はタニさんの右肩後ろに体を擦りつけるようにして転回し、二度鼻を鳴らしてからその場をゆっくりと離れていった。奇妙なことに足音はない。ただ、濃密な気配が少しずつ遠ざかっていく。強張っていた体が動くようになってから獣が去ったほうに目をやったが、小動物の影ひとつない静かな森が広がっているばかりだった。

携帯のGPSを確認してみると、予定していたルートの登山道から少し外れた位置にいる。正しいルートは初めに下りてきた稜線をずっとまっすぐ辿るものだった。

帰宅してからシャワーを浴びていると、右肩の後ろに少し違和感がある。そこに触れてみると、無数の細い爪で引っ掻いたあとのようなミミズ腫れが残っていた。ちょうどあの獣らしきものが触れたあたりだ。上に着ていた服はなんともなかったのに、皮膚にだけこんな傷が残っているのは不思議だった。痛みが全くないのも妙だった。

結局その痕はあざになっていて、今も消えずに肩に刻まれているそうだ。

鬼鼓《ウニク》

小原猛

現在は六十歳になり、沖縄県那覇市で会社を経営している数久田《すくた》さんの話である。

数久田さんは学生時代に民俗誌の調査に関わった。今から四十年ほど前のことである。

数久田さんの所属していたゼミで、一週間の泊まりがけで沖縄県北部の集落に調査に入る機会があった。

ゼミの先生は照屋《てるや》教授といい、頭の禿げ上がった背の高い男性だった。集落の区長と照屋教授は大学の同級生で、そのせいもあってか、ゼミの学生たちは集落の人たちから好意的に迎えられていた。彼らは年に一度行われる集落の祭りのレポートを仕上げるために、熱心に話を聞き、毎日その準備に忙しく働いた。

それは集落に入ってから三日目の夜の出来事だった。

数久田さんは照屋教授と四名の学生と共に集落の区長の家に泊まっていた。数久田さんに割り当てられたのは、すでに独立した長男の部屋で二階にあった。家の目の前には山があり、日中はクイナ属の鳥の声で満たされていたが、打って変わって夜間は恐ろしいくらいに沈黙が支配していた。窓から山影と月を見ていると、時折聞こえてくる正体不明の夜の音に心臓を掴まれたようにドキッとした。

と、その夜耳をすませていると、山から不思議な音が聞こえてきた。

どどどどん、カッカッカ、どんどんどどどど、カッ、どん、どどどどど、カカッ、でどどどどど、でででで、カッ。

それは祭りの太鼓のような音でもあったが、かといって沖縄のエイサーの規則的な音のようでもなく、和太鼓のようでもなく、よく聞くとリズムが不安定で、まるで音楽の素養のない子供か素人が適当にバチを渡されて叩いているような音に聞こえた。

数久田さんはその音が気になって眠れないので、一人で玄関先に出てみた。深夜に鳴り渡る太鼓のような音はくぐもってはいるが、はっきりと聞こえていた。

「なんだ、数久田も起きたのか」

気がつくと同じゼミの柴田さんと津波古《つはこ》さんも表に出てきた。

「あれ、エイサー（小太鼓と大太鼓などを使って踊られる沖縄の盆踊り）の練習だろうか」と数久田さんはたずねた。

「いや、あれはかなり大きな太鼓だと思う。この辺にはあんな音を出す祭りはないと思う」

柴田さんがそういった。

「しかもリズムが雑だよな」と津波古さんもいった。

「自然音かな。滝壺とかなんかそんな感じの」と数久田さんもいった。

「ヤンキーが酔っ払って太鼓を滅茶苦茶に叩いているだけかも」と津波古さん。

「見に行くか？」と柴田さんがいった。

彼らは寝巻きのジャージのまま、とりあえず懐中電灯だけ持って、音のする山のほうに向かって集落の夜道を歩き出した。

しばらく集落のスージグワー（車も通れないようなすじ道）を進んでいくと、コンクリート製の鳥居があり、そこから細い道が山の上に向かって伸びていた。

山の上に向かって登っていく最中も、はっきりとした太鼓の音は山頂から聞こえてきた。

山はそんなに高いものではなかったが、途中からコンクリートの階段が消えて、単なる山道になった。赤土剥き出しの斜面を登るのは結構時間がかかった。

二十分ほど歩くと頂上についた。頂上の入り口には下にあったのと同じコンクリートの古い鳥居が彼らを出迎えた。

三人が鳥居をくぐるとそこは広場になっており、はずれにコンクリート製の拝所が建っていた。太鼓の音はそこから聞こえていた。

と、三人が近づいていくと、急に太鼓の音は彼らの来訪に気づいたかのようにピタッと停止した。彼らもびっくりして、その場に固まってしまった。

急に恐ろしいほどの沈黙が辺りを支配した。林の中から聞こえてくる風にそよぐ葉っぱの音や、自身の衣ずれの音まではっきりと聞こえるほど、山の上には音が少なかった。

するとその沈黙に耐えかねたのか、柴田さんがこんな言葉を喋った。

「すいません、私たち区長さんの家に泊まっている大学生です。太鼓の音が聞こえたもので」

その自己紹介めいた言葉に何か返事があると期待したが、拝所から何の反応もなかった。

「あれ、誰もいない？」と数久田さん。

再び沈黙が訪れ、三人はゆっくりと拝所に向かって歩き出した。

拝所は高さ二メートル、横三メートルくらいの建物で、中にはビジュルと呼ばれる石が三つ置かれていた。人が入る余地などなかった。柴田さんがすぐに拝所の背面に回ったが、そこにも雑草しかはえていなかった。

「何もない。誰もいない。もしかして神様？」

数久田さんがぼんやりといった。そういいながら数久田さんは、誰かに見つめられている感覚を味わっていた。それも一人や二人ではない。大勢の人たちに凝視されているのを感じていた。

「下りよう」とその視線に耐えかねて数久田さんはいった。他の二人もその号令を待っていたかのようにすぐに後退りを始めた。彼らも後退しながら、口々につぶやいていた。

「すいません。すいません」

「お邪魔してごめんなさい」

やがて頂上の鳥居を抜け、早足で山道を下っていった。ふもとの鳥居が見えてきた頃、再び頂上から太鼓の音が復活した。

彼らは区長さんの家に戻り、数久田さんに割り当てられた部屋に集まった。

「数久田、あれは何だろう、神様的なもの？」と柴田さんがいった。

「他に考えられない。神様か精霊的なものじゃないか」

「キジムナーかもしれない」

「マジムン（沖縄でいう妖怪）かもしれない」

「いや、あれが集落の神だと思う」

彼らがそんな話をしていると太鼓の音は急に止んでしまった。朝四時くらいになっていたので、彼らは答えの出ない議論を交わすのを諦めて、それぞれの部屋に戻った。

数久田さんはすごい経験をしたと感じ、窓際で起こったことをノートにまとめ始めた。すると、家から出ていく柴田さんの姿を見つけた。声をかけようと思ったが、柴田さんは駆け足で山の方に向かっていった。

数久田さんはそれから仮眠をしたが、柴田さんが帰ってくる気配はなかった。


朝八時になり、学生たちは全員地元の小さな公民館に招待され、おいしい朝食を振る舞われた。そこに柴田さんの姿はなかった。数久田さんは部屋を見に行ったが、そこにも彼の姿はなかった。

心配になった数久田さんは、照屋教授に昨夜のことを全部話した。話を途中まで聞いていた照屋教授は、話を遮ってこういった。

「えー、なんでお前は追いかけなかったか？」

「いや、あの、すぐ戻ってくるかなと思って」

歯切れの悪い返事しか返せない。

「お前、柴田が神ダーリしてたらどうする？」

照屋教授は真顔でそういった。

神ダーリしてたら？


数久田さんは沖縄出身であるが、その言葉は嫌になるほど聞いたことがあった。それは神にかかられておかしくなること。数久田さんは照屋教授がゼミでそれを「巫女病」と呼んだのを覚えていた。神にかかられておかしくなるというのは、それほど沖縄では珍しいことではなかった。

「とにかく、全員で探しにいくぞ」と照屋教授はいった。

そこで地上と山で二手に分かれて柴田さんを探すことになった。数久田さんは照屋教授と共に昨夜の山に登って頂きの拝所に向かった。

すると柴田さんは拝所の前に体育座りでいるところを発見された。

「柴田、大丈夫か？」

照屋教授が呼びかけても返事がない。しばらくすると何とか立てるようにはなったが、二人掛かりで両脇をささえるようにして、山を下りた。柴田さんはだんだん普段の会話ができるようになったが、昨夜のことはあまり覚えていなかった。

柴田さんは数久田さんたちと話した後、部屋に戻ると再びあの太鼓の音が聞こえてきたという。そこで気になって家を出て、通りまで出たのは覚えていた。そこから先は、気がつくと山頂の拝所だったという。自分が再び山頂に登ったのはわかったが、さらにそこで記憶が途切れていた。

「気分は？」と数久田さんが聞いた。

「いいよ。悪くない」と柴田さんは答えた。

その夜のことである。数久田さんは照屋教授に呼ばれて公民館に向かった。そこには区長さんと名前を知らない集落のお年寄りが数人いた。

「昨夜のことをみなさんが聞きたいようなので、話してもらってもいいかな」

照屋教授からそう促されて、数久田さんはひと通り話して聞かせた。すると一人のお年寄りがこんなことをいった。

「あんた、ウニクって聞いたことありますか?」

「いいえ」

「ウニクはよ、鬼の鼓と書く。あの山には鬼がいて、何かの前兆で太鼓を叩く。鬼といっても、頭にツノの生えた鬼は誰も見たことがない。昔からそういわれているだけ。第二次大戦前も鬼鼓が聞こえたと集落のシージャ(先輩、長老)が書き残している。あるいは別の理由で鳴るときもある。それは神様が誰かを欲しがっているときに鳴る」

「柴田を、ですか?」

「そうだよ。話を聞くとその人は本土の人らしいが、なぜかわからないが鬼鼓が彼を選んだ。明日それを外してもらうために、私たちは村ウガミ(村拝み)するつもり。それをしないと、後々面倒になる」

そして次の日、集落の神人《カミンチュ》とゼミの学生、集落の人たちで再び山頂に登り、柴田さんに取り憑いた鬼鼓を外してもらう儀式が行われた。拝所の前に座り、魚やかまぼこ、天ぷら、白玉などをお供えしたクワッチー(ご馳走)の入った重箱を差し出して、柴田さんをダーリさせて(かからせて)いる呪いを外して欲しいと嘆願した。柴田さんは一番前に座らされ、終始ぐったりした様子で儀式に臨んでいた。

儀式はおおよそ二時間にも及んだ。終わった時には数久田さんはずっと正座していたせいで足が痺れて立てなくなり、柴田さんは気を失って倒れてしまった。

それでも夜になると柴田さんは元気になったようで、公民館での夕食もおかわりをするくらいだった。


それからゼミの学生は那覇に戻り、普通の大学生活が再開された。柴田さんも何事もなかったかのように生活して、毎日を送った。

それから約十年後の話である。

数久田さんはその頃父の仕事を継ぎ、南部でマンゴー栽培を行っていた。その日の朝ビニールハウスを点検していると、数久田さんの名前を呼ぶ声が聞こえた。

ビニールハウスの入り口に誰か立っていた。パッと見てすぐに柴田さんだとわかった。紺色のスーツを着ていて一瞬農機具のセールスマンのようだった。近くにいくと無精髭が伸び放題で、スーツはシワだらけだった。

「ずいぶんと久しぶりだなあ。元気にしてたか?」

「ちょっと話がしたいんだが、いいか?」と柴田さんがいった。数久田さんは「いいよ」

といって、二人はそのままコーヒーを飲みに行った。

柴田さんと会うのは五年ぶりくらいだった。柴田さんはいきなりこんな話をした。

「あの、鬼鼓って覚えてるか。あれが最近また聞こえ出したんだ」

「どこで？」

「いろんなところで耳に入ってくる。那覇でも糸満でも、本土に行っても」

「仕事が大変で、自律神経とかがセンシティブになりすぎたのかもしれないな」

「お前までそんなことをいうのか。違うんだよ。本当にすぐそばであの太鼓の音がするんだ。北の方から」

「そういうのには耳を貸さない方がいい」

「それと、白い影みたいなものが、家の中を横切るんだよ。怖いから消えてくれって念じるんだけど全然ダメなんだ。あまりにもひどいから友人の紹介で視える人に霊視してもらった。しかしお前についているのは神様だから、手が出せないっていわれた」

「あの時山頂でやってもらったのに、あれは効かなかったってことか？」

「わからない。あとこれ」

そういって一枚の写真を数久田さんに差し出した。

「この前彼女と石垣島に行った。フェリーでね。港で撮影した写真だ」

それは石垣港で撮影したものだった。彼女らしき女性と肩を組んでいるが、まるでリボンのような真っ白な光の帯に柴田さんだけ巻きつかれていた。

数久田さんがその写真を眺めていると、こめかみのあたりが痛んだ。と、一瞬だがコーヒーショップの中に鬼鼓の音が響いたような錯覚に陥った。

「ほら、数久田。今聞こえただろう？」と柴田さんが青ざめた顔でいった。

「俺にはわからん」

数久田さんはあいまいな返事をした。

「ところで照屋教授には相談したのか」

「相談したよ。そしたらあの集落の区長に連絡を取ってもらって、それでもう一度あの山の上で神人に拝んでもらった。しかし、ここからが変なんだけど、その神人はそれから二ヶ月後に亡くなってしまった」

「何だって？」

「死んだんだ。ある朝神人は部屋からいなくなっていた。発見されたのはあの山の上。拝所の前に座らされて亡くなっていたらしい。死因は不明だよ」

そういって柴田さんは深いため息をついた。

「なあ数久田。俺、怖いんだよ。今まで沖縄が好きでこうやって移住してきたけど、このままだと神ダーリしてユタにならされるんじゃないかと心配で」

「それはないだろ。ユタは沖縄の人がなるものだ。君は沖縄出身じゃない」

「頭ではそう理解してる。けど自分に関しては、そういうルールは全く当てはまらないんじゃないかって、そんな風に思うんだ」

そして柴田さんは、立ち去り際にこんな言葉を数久田さんに投げかけた。

「数久田、お前も気をつけてくれ。俺がダメだったら今度はお前に行きそうだから」

「俺は大丈夫だよ。現実主義者だから」

「俺もかつてはそうだったよ」

コーヒーはすっかり冷めてしまった。そうして柴田さんは数久田さんの前から立ち去ってしまった。

「それから柴田には会っていません。行方不明なんです。故郷の埼玉県に戻ったのだろうと考えていますが、それも確かめたわけではありません。ところで何年か前に北部のあの集落をたずねたんです。区長とかみんな死んでしまって、ああ、もちろん呪いではない。昔の話だから寿命だったと思うんですがね。だから誰も知り合いがいないんです。でも公民館をたずねて事情を話すと、つい最近、集落の主婦が山に登って行方不明になり、今に至るまで見つかっていないという話をしてくれました。鬼鼓に至っては、山に沿って張られた電力ケーブルのせいだと今の区長はいうんですね。鬼鼓は民話の中の出来事だって。しかし電力ケーブルがそんな音を出すでしょうか。

事実として整理すると、こうなります。一つ、あの集落では現在も行方不明者がでている。二つ、山から不思議な太鼓のような音がする。それだけで十分でしょう。あの山には鬼鼓がいるんです。おそらく柴田は彼のお眼鏡には敵わなかったんでしょうね。おそらくまだ探しているんですよ。自分のために働いてくれる人間をね」

これは誰にもいっていないと、数久田さんは前置きした上で最後にこんな話を聞かせてくれた。

実はここ五年くらい、夢の中で鬼鼓の音を頻繁に聞くようになったという。そして最近では、スーパーで買い物をしていても、孫の運動会に参加していても、あの太鼓の響きが耳から離れないという。その都度、聞こえないふりをしているというが、その度合いは日に日に激しさを増している。

最近では甲高い女性の声で、街中で名前を呼ばれるまでになってしまった。もちろんその声は家族や他の人には聞こえない。群衆に混じって、まるで空の上、頭上から落ちてくる謎の声なのだという。


「す、くぅ、たぁ、さーん！」

「す、くぅ、たぁ、さーん！」

「す、くぅ、たぁ、さーん！」


頭上を見ると、眩しい沖縄の太陽だけが輝いていた。

未だにそれは誰かを探している最中なのだという。

川の中で

小田イ輔

渡辺君がお父さんと川に釣りに行った時のこと。

当時、彼は中学生で、それまでも何度か父親と鮎釣りに出かけていたという。

「でも、親父が俺に貸してくれてた竿って、グラスファイバーの重いやつだったから疲れるんだよね。自分はカーボンの軽い竿を使ってるから楽だったろうけど」

朝五時から釣り始めて、八時を過ぎる頃にはもう飽きてしまっていた。

「その日は釣れなくってさ、釣れもしないのにそんな重い竿を振っててもつまらないなって思っててね。途中で竿を置いて、親父が釣ってる場所からちょっと離れた所で泳ぐことにしたんだ」

季節は夏真っ盛り、湿り気を帯びた空気と、げんなりするような日光の照りつけが始まっていた。渡辺君は着ていた胴長を脱ぎ捨て、水着を着て川に飛び込んだ。

「気持ちよくってさ、風呂に浸かるみたいに浮いたり沈んだりしてたんだけど、ふと良いことを思いついてね」

〝釣れないなら突こう〟と。

当時、中学生の渡辺君には遊漁券は必要なく、ヤスで鮎を突いても咎められることはない。友釣りを得意としていた彼の父親は、種鮎を確保するため、時々彼を川に潜らせると鮎を突き獲ってくるように命じていたという。獲った鮎は父親が二百円で買い取ってくれた。

車に戻るとトランクからヤスを取り出し、川原に向かう。

「さすがに頭とか潰しちゃうと泳がなくなっちゃうからね、尾っぽの方に狙いをつけて突くようにするんだ」

水泳用のゴーグルをつけると川に沈みこんだ。

「向こう岸の、ちょうど葦が群生している一角に行って、水に沈んでいる根っこの辺りを確認した時――」

――いた！

鮎が何十匹も、葦の根元でそれに守られるように泳いでいる。

「よし！」

渡辺君は一度顔を上げ思い切り息を吸い込むと、再び川に潜った。

葦の根っこに邪魔されて思うようにヤスを放てなかったが、その絶妙な難しさをかえって面白く感じ、夢中になって繰り返していると――。

「葦の根っこの奥の方に、誰かいた」

顔が横に広く伸び、ふやけたように輪郭がはっきりしない誰かが、渡辺君をじっと見ている。

「アンパン、ショクパン、カレーパン、のカレーみたいな顔をしていた。見間違いかと思って、何度か潜って確認したんだけど……」

何度潜っても、それは水中の同じ場所で息を潜めるように、じっと渡辺君を見つめていた。群生する葦の根っこが、まるでそれを閉じ込める牢獄のように見えたという。

川の水深は一メートルほど、葦が生えていることと川の流れのために、水上からはそれを目視することができない。

「水中で何度か見つめ合っているうちに、コレは生きてるなって思った。水死体ではないなって」

見開いた目をゆっくりと瞬きするように閉じたり、口からポコポコと泡を出したり、その佇まいは、まるで大きな鯉を思わせたという。

「河童かとも思ったけど、水中では頭の皿なんかは確認できなくて」

不思議と恐怖感はなかった。

「こっちは泳ぎ回っている鮎を虐殺しまくってたわけでね、なんていうか気持ちに勢いがあったから……」

おもむろに狙いをつけると、渡辺君はそれに向かってヤスを放った。

「もし魚だったら、新種になるんじゃないかと思ってさ」

結局、葦の根っこに阻まれてヤスは当らず、それは水中で泥を巻き上げながら消え去った。

「その年の秋だったな、大雨が降って」

葦原は根こそぎ流された。

それがいた場所は、今はコンクリートで護岸されている。

裏山の神様

神沼三平太

東北に住む浦戸さんの家は山を所有している。母屋の裏となる北側には、山との間に小さな畑と、山へと分け入るための細い私道が整備されている。整備されているといっても獣道に手を入れた程度のものだ。

その山は近所の子供達の遊び場にもなっているが、危ないから奥のほうには入るなと厳しく言い含めている。熊は見かけないが、猿や鹿、野犬などが巣くっているからだ。

普段、山の奥には家族と親戚しか立ち入らない。山では山菜を摘み、きのこを狩り、果実をもぎ、獣や鳥を罠に掛ける。

浦戸さんの家では、大晦日の夜に限っては、絶対に裏山へ入ってはならないとされていた。裏山に住んでいる神様が、年の終わりにだけは本当の姿になって山の中を徘徊するからだと伝わっている。遭ったら食われるらしい。神様とは思えないような姿だというが、具体的な描写は伝わっていない。

この話は、祖父母をはじめとして、一族全員が信じていた。浦戸さん自身も大晦日の晩に裏山に入ったことはない。

毎年年末が近づくと、祖父の伊蔵さんはこの話を必ず繰り返す。誰も大晦日の夜に雪の積もった裏山になど入らないだろうと、半ば笑い話のようになっている。しかし、祖父は真剣な口調で家族に説き続けた。きっと彼の若い頃に何かあったのだろう。

ある時、浦戸さんは祖父に当時何があったのかを聞き出した。昭和三十年代。伊蔵さんがまだ中学二年生の大晦日の話である。

ラジオから流れる紅白歌合戦もぼちぼち終わろうかというタイミングで、伊蔵さんは初詣に行こうと家を出た。すると神社の参道で、幼なじみの平八と偶然顔を合わせた。

「おう、今年もよろしくなぁ。あ、まだ年明けてないか」

「そろそろじゃないかな。それにしても寒いね」

「ああ、雪も降ってきた」

寒い訳だ。パラパラとした雪が舞い始めていた。その中を除夜の鐘が響いてくる。

「そういえばさ、お前の家の裏山って、大晦日に入っちゃいけないいんだっけ」

何処からか噂話を聞きつけたらしい。

「うん。今夜だけは入っちゃいけねぇって、今朝もじいちゃんに言われたよ」

「それ、ちょっと二人で行ってみねぇか」

平八は悪戯っぽく笑った。

伊蔵さんは、それは駄目だと即答した。そんなことをしたら、後で家族からどんな非難を受けるか、分かったものではない。

「なぁ、いいだろ。お前んちの裏山なんだからさ。勝手だって分かってるだろ。俺達も子供の頃に散々遊んだ場所だしさ。そんなに奥まで踏み込む訳じゃないよ。ちょっと季節外れの肝試しみたいなもんだよ。一緒に行こうぜ」

「行かないって。じいちゃんにも父ちゃんにも叱られるからさ、無理だよ」

「ならいいさ。俺だけちょっと行ってくるから。みんなには秘密にしといてくれよ」

平八は初詣をそそくさと済ませて駆けていった。

本気で山に入るつもりなのか。

伊蔵さんは焦った。裏山の神様の話を信じている訳ではなかったが、祖父の口ぶりだけでも、何か危険なことが待っているというのは感じ取れる。

何が起きるか分からないぞ。

伊蔵さんも急いで初詣を済ませると、平八の後を追うようにして家に戻った。

母屋の裏に周って畑を確認すると、薄く積もった雪の上に、山に入る道へ向かう足跡が続いている。きっとこれは平八のものだろう。

――あの大馬鹿野郎。

平八の名を呼ぶために、大きな声を出せば、家族に見つかってしまうだろう。叱られるのは嫌だった。

だが、降り続く雪に指先が凍えて痛くなるほどの間待ち続けても、平八は戻ってこなかった。そろそろ家族も初詣から戻ってこない息子を心配する頃合いだろう。

そういえば、平八は家族に何と説明して家を抜け出してきたのだろう。

伊蔵さんは、恐る恐る祖父に打ち明けることにした。

「さっき、神社で会ったんだけど、平八が勝手にうちの裏山に行くって言ってた。止めたんだけど、まだ戻ってこないんだ」

その報を聞くと、祖父はこめかみに血管を浮き立たせ、烈火のごとき怒りを顕わにした。

しかしすぐに肩を落とすと、小さな声で平八の家族に申し訳ないと呟いた。

「今から裏山には入れぬ。陽が出てからでないと、こっちも命を獲られる」

「大晦日に裏山に入るとどうなるの」

「裏山の神様は、本当の姿になってるときは、人ば食う」

陽が出ていない間は、絶対に山には入らない。元日になってからだ。それまでに平八が山から下りてこられれば良いのだが――。

しかし、彼は帰ってこなかった。

夜のうちに、父母が平八の家に行き、事情を説明した。平八の父親が猟銃を持ってやってきた。

夜が明けた。元日の早朝だが、誰も正月の挨拶などしなかった。

「お前も来い」

伊蔵さんは祖父から声を掛けられた。

祖父と伊蔵さん、平八の父親の合計三人で裏山に入ることになった。父母は周囲を捜索するとのことだった。

雪が積もっている山中へと、平八の足跡が続いていく。

「まじいな」

祖父が呟いた。

「この足跡は神様んだ」

祖父が指差した場所には、かんじきを履いた大人の足よりも大きな丸い跡があった。

「神様はカカシみたいに一本足だから。平八は目を付けられてしまったかもしれん」

その言葉に、誰も声を上げることはできなかった。

道に等間隔で残された巨大な足跡を辿っていくと、一際背の高い杉の木に辿り着いた。

その脇に葉を落としたオニグルミの樹があった。

巨大な足跡は平八の足跡を踏み荒らすようにして、その裏手に回り込んでいた。

「――血の臭いだ」

冷たく張り詰めた空気の中に、鉄の匂いが混じっている。

「おめぇは見んな」

祖父からそう命じられ、伊蔵さんは頷《うなず》いた。

祖父と平八の父親が木の裏に回った。

その直後、平八の父親が腸《はらわた》から絞り出すような叫び声を上げた。

伊蔵さんは山中に響く絶叫を聞いて、やっぱり平八は駄目だったんだと理解した。

平八の父親は、背負ってきたむしろに息子の遺骸を包み、それを胸に抱えて山を下りた。

雪に覆われた斜面を下りながら、彼は祖父に何度も訊ねた。

「平八をやったのは熊じゃないか」

「熊はこの時季いねぇよ」

「そんじゃ、犬じゃないか」

「犬にしてはデカすぎる。犬じゃねぇよ」

「それじゃ、うちの息子を食い殺したのは何だよ」

「――知ってんだろ。山の神様だよ。平八は神様に食われちまったんだよ」

山を下りる間、父親に抱かれた平八の遺骸は、ずいぶんと小さく感じられた。

後で聞くところによると、彼の上半身は、何かとんでもない化け物に一口で食われたかのように失われており、その傷口は重い鉈で乱雑に斬りつけたようにギザギザで、腰から下だけが木に寄りかかる形で残っていたとの話だった。

海象

黒木あるじ

「ここで死のうと、決意したんです」

ユキさんは数年前、遠距離恋愛中のボーイフレンドを事故で亡くした。

勤務していた工場の、プレス機の誤作動による圧死だった。

遺体の状況があまりに悲惨だという理由から、ユキさんはおろか親族さえも亡骸を見ることは叶わなかった。事故の報せを聞いて飛行機に飛び乗り、彼の実家へ駆けつけたユキさんが目にしたのは、小さな骨壷に入っている、変わりはてた彼の姿だった。

「遺体を見ていない所為か亡くなった実感が湧きませんでした。〝彼はもういない〟という情報だけを丸投げされたみたいで、どうやって受け入れたら良いのか全然わからなくて」

精神的に不安定な日々が続いた。

大学に休学届を出して実家に戻ったものの、何をする気力もないまま一日中ぼんやりと暮らした。

「気がついたら、彼との思い出の場所を回るようになっていました。そこに行けば彼がいるんじゃないか。実はすべてが壮大なドッキリクイズで、謎を解きあかした私を、彼や友人が笑いながら待っていてくれるんじゃないか……いま思えば馬鹿な考えですが、当時は本気で信じていました」

初めてのデートで行った遊園地。隣りあわせで試験勉強をしたファミレス。彼女が進学のために郷里を離れると決まった夜、長い間座って話した公園のベンチ。思いあたるところは、ことごとく訪れた。

やがて、思い出の地は一箇所を残すばかりとなった。

彼女が上京する前日に、彼と訪れた海。

あの日の二人がそうしたように路線バスに揺られて、彼女は海へと向かった。

夕闇のせまる季節はずれの浜辺に、人影は見あたらなかった。

彼と来たのも、ちょうど同じ季節の、こんな時刻だった。

帰ってきたら俺と結婚してくれ。うわずりながら彼が口にした言葉を、何度も何度も反芻しながら、浜辺に立ち尽くす。どれだけ待っても恋人は現れないまま、やがて、陽が落ちた。

ああ、もう彼は本当にいないんだ。

だったら。

生きている意味なんて、ない。

ここで死のう。

携帯電話の照明をたよりに、サインペンで「ごめんなさい」とスニーカーに書く。

遺書のつもりだった。

岩陰にスニーカーと携帯電話、着ていたコートを揃えて置くと、ユキさんは波の音がする方向、真っ暗な海へと足を進めた。

何も見えない中を、ゆっくり歩く。一歩踏み出すたびに砂がきしきしと沈んだ。もうすぐ行くよ、もうすぐ行くからね。ひと足ごとに、恋人に呼びかける。

突然、足首を襲った冷たさに驚いて、波うち際まで辿りついたのがわかった。

驚いた自分に、ひどく腹が立つ。まだ悲しみ以外の感情が心のどこかにあった——それが許せなかった。

死ぬんだ死ぬんだ死ぬんだ、私はもう死ぬんだ。

押し戻す波を蹴るように大股で進みながら、彼女は叫び続けた。

ジーンズが海水をたっぷり吸って、腰から下がずしりと重くなる。

肩口まで海につかると、冷たさで一気に全身の感覚が消えた。ちゃぷちゃぷという波音が、ずいぶんと耳の近くで聞こえる。

ああ、本当に死ぬんだ。

よかった。

次第に麻痺していく思考の中、視界に不思議なものが飛びこんできた。

彼方に、象がいた。

灰色の身体を震わせた大きな象が、波間を泳いでこちらへと向かってくる。鯨やイルカ、ましてや船の類ではない。

まるで、象自体が光っているかのように、ぼんやりと輪郭が明るかった。

そういえば、象って極楽の使いなんだっけ。むかし聞いた話を、思い出す。お釈迦様が乗っていたのは、たしか白い象だったと思ったけれど。あ、もしかして自殺の場合は普通の象なのかな。ランクがあるのかな。

まあ、なんでも良いよ、彼のもとに行けるんだったら。

心の中で頷きつつ、前へと踏み出したユキさんの身体が、止まる。


象では、なかった。


灰色に変色した人間の塊だった。

ぶよぶよにふやけた屍が積み重なって、象ほどもある大きな塊になっていた。

へえ、水死体になると頭髪って抜け落ちるんだ。

ぱんぱんに膨らんで、青黒い血管が浮きあがっている無数の顔を見つめながら、それでもユキさんは不思議と冷静だった。

十数体はあろうかという死体の飛び出した眼球が、一斉に彼女を睨んでいる。

不意に風向きが変わって、鮮度の悪いイカを焼いたような臭気が彼女の鼻に届く。

その瞬間、正気にかえった。


ここで死んだら、アレの仲間になるのか。

あの一部になって、永遠に漂うのか。


身体の内側から、死に対してとてつもない嫌悪感が湧きあがる。

彼女はUターンすると、浜辺を目指して泳ぎはじめた。

冷たさで痺れた手足がうまく動かない。何度も波が口に入り、塩辛さにむせ返る。ようやく浅瀬にたどり着いたときには、東の空が青白くなっていた。

懸命にもがいたせいか、ジーンズが脱げて下半身は裸になっていた。

三十分ほど這いつくばりながらスニーカーを脱いだ岩場を探し、隣に置いていたコートを腰に巻いて、国道へ向かった。

朝市に向かう軽トラックに拾われると、助手席に乗るなり、彼女は失神した。

三日ほど入院したが、幸いにも命に別状はなかったという。

それってさ。

彼らが「死ぬな」と警告してくれたんじゃないの？　実は良い連中なんじゃないの？

彼女の話を聞き終えて、私は率直な疑問をぶつけてみる。

しばらく考えてから、彼女は首を横に振った。

「違うと思います。あ、どうして私がアレを象だと思ったのか、理由を話してないですよね」

私の反応を確かめながら、彼女が口を開く。

「最初見た時、象の鼻みたいなモノが上下してたんです。いま思えば、あれ、手招きだったんですよ。誘ってたの。おいで、おいでって。これって、警告じゃあないですよね」

こわばりながら私が頷くと、ユキさんは静かに笑った。

現在、彼女は結婚し、一児の母親となっている。

娘がどんなに駄々をこねても、海には行かないという。

暗い海

戸神重明

海と関わる暮らしを始めて二十数年になる長田さんは語る。

「私の職業はマリーナの経営です。釣りなどに使われる船に、置き場所を貸して管理しているんです。あとは船の販売や修理もやっています」

彼は自らも大の釣り好きで五人乗りの船を所有し、よく海へ出掛けていた。

九月のその日は遠征する予定で、午前四時半頃にマリーナを出た。小野寺さんという一歳年上の男性が同乗していた。

長田さんと小野寺さんは特に昵懇《じっこん》の仲という訳ではない。二人には緒方さんという共通の友人がいて、本来なら三人で釣りをするはずだったが、緒方さんが体調を崩して来られなくなったので急遽《きゅうきょ》、二人で出掛けることになったそうだ。

ところが、この日は濃い霧が立ち込めていた。視界不良でGPSナビに頼りながら運転するしかない。スピードもあまり出せなかった。

四十分ほど進んだ頃。本来なら夜が明けてくる時間だが、空は暗く視界が悪化する一方で、船は分厚い霧に覆われてしまった。幾ら進んでも途切れることがない。海辺の町で生まれ育った長田さんでも、これほどの海霧は初めて見た。

やむなく、彼は再びスピードを緩めた。

「前後左右も分からない状態だったんです。我々と船だけが雲の中にいる、そんな感じでした。で、GPSナビで今いる場所を確認してみたのですが……」

長田さんの感覚ではここまでまっすぐに走ってきたつもりであった。

だが、ナビに表示された航跡は左方向に走ってきたことを告げている。変だな、と思いながら舵を修正した。やがてナビはまた左へ進んでいることを表示した。

「霧のせいで誤作動しているのかな？　今までこんなことはなかったのに……」

訝しく思いながらまた舵を修正した。それでも航跡は左へずれていってしまう。

「どうかしましたか？」

「ええ。さっきから時計と逆回りに同じ場所をぐるぐる回っているようなんです」

長田さんはできるだけ冷静に振る舞おうとしたが、小野寺さんが騒ぎ出した。

「ナビが壊れたんですか？　まさか、遭難するんじゃあ……。何かいい手はないですか⁉」

その直後、急に船が大きく揺れ始めた。先程まで波はさほど強くなかったので、長田さんは意外に思った。

そこへ〈ガガガッ、ギギギギッ！〉と衝撃音が響いて、船が真下から突き上げられた。

「うわっ！」

小野寺さんが甲板に尻餅を突く。もう少しで海へ落ちるところだった。

「しまった。座礁《ざしょう》か？」

長田さんもひやりとした。この状況で暗礁に乗り上げたとすれば厄介なことになる。

しかし、船はそのまま動いていた。相変わらず揺れが酷いが、それきり強い衝撃を受けることはなかった。

「何だったんだろう？　イルカでもぶつかったのかな？」

座礁はしなかったが、船はどうしても同じ海域から抜け出すことができなかった。二人はずっと不安な気持ちに囚われていた。

けれども、三十分が経った頃、長田さんは遠くに別の船の明かりを発見した。

そちらへ向かって船を走らせる。

霧は次第に薄くなり、空が明るくなってきた。

漸く二人は危機を脱することができた。ナビも正常に作動するようになって、どの辺りの海域にいたのかも把握できたという。

とはいえ、何となく船の動きが鈍い。おまけに甲板を踏むと、マットのように足が沈む部分があることに気付いた。乗船前には何処も異状はなかったはずなのに――。

どうも嫌な予感がする。釣りは止めて帰ることになった。

マリーナに到着すると、長田さんは愛艇を陸に引き上げて状態を調べた。

船底の至るところに鋭い爪で引っ掻いたような痕が残されていた。

「何だ、これは……？」

長田さんは以前、友達の案内で登山をしたときに熊が残した爪痕を見たことがある。大木の洞にミツバチが巣を作っていて、それを食べようと執拗に幹を攻撃した痕だった。

この傷痕はそれとよく似ている。だが、この辺りの海に熊のような爪を持った動物がいるとは思えない。暗礁で擦った傷だろうか？　それにしては細長く抉ったような痕が多いし、底ばかりでなく左右の舷側や舳先《へさき》の下など、普段水上に出ている部分からも多くの傷が見つかった。

そして異状を感じた甲板の一部をよく見たところ、ヒビが入っていた。床板がすっかり腐っていたのである。剥がそうとすると、ばらばらに割れてしまった。

(おかしいな。こないだ点検したときはまだまだ行けそうだったのに……)

不思議というよりも、気味が悪かった。

長田さんが直接体験した現象はこれだけである。

それから数日後。彼は小野寺さんの携帯電話に電話を掛けてみたが出なかった。留守電にメッセージを入れておいても掛かってこない。

(あの人も仕事が忙しいんだろうな)

長田さんも愛艇の修理や本業が忙しかった。会う機会に恵まれないまま、その年は暮れていった。

年が明けて一月中旬。

長田さんは愛車の車検のため、車の販売と整備をやっている店へ行った。

実は冒頭に述べた緒方さんがこの店の経営者である。長田さんにとっては中学時代からの友人であった。そして、小野寺さんは緒方さんの得意客で釣り仲間でもある。

「おまえにも知らせようと思っていたんだよ。小野寺さんが大変なことになってなあ」

顔を合わせるなり、緒方さんがこんな話をした。

大晦日の昼下がりのこと。小野寺さんの妻から電話が掛かってきた。

「主人の車が海岸で動けなくなったらしいんです。助けに行ってもらえないでしょうか」

と、声を震わせながら現場を告げる。小野寺さんは妻に携帯電話で窮地を伝えてきたらしい。

緒方さんは軽トラックで救助に向かうことにした。この日、外は薄暗かった。風が強くて雨が降っている。大降りではないが、霙《みぞれ》交じりの冷たい雨だった。

何でこんな日に海岸へなんか——と、心の中でボヤきながら車を走らせる。

三十分ほどで現場付近に到着した。

小野寺さんの愛車はジープタイプの4WD車である。

道路から車を探していると、遠くにパトカーの赤色灯が光っていた。

——まさかあれか？

パトカーの右手、道路に隣接した堤防の向こうに砂浜が広がっていて、波打ち際に車が見える。堤防からの距離はかなり離れていた。二百メートルはあるだろう。

パトカーの近くに停車して軽トラックから降りた。ここは車があまり通らない田舎の生活道路である。堤防に上がって下を覗くと、砂浜へは三メートルほどの落差があった。歩いて下りることは可能だが、車道はない。軽トラックで近付くには約三キロも離れた入り口から下りて、ひたすら荒れた道や砂浜を走ってくるしかなかった。

こいつは参ったぞ……。そこへパトカーから警官が二人降りてきた。

「私は車屋でして、救助を頼まれて来ました」

「そうでしたか。我々もたった今、発見者から通報を受けて来たばかりでね」

緒方さんは、若い警官と砂浜へ下りて車の様子を見にいくことになった。

車体はまっすぐ海のほうを向いて、ボンネットに荒波を浴びていた。波に打たれる度に浮き上がり、また沈んで少しずつ沖のほうへ運ばれてゆく。重量二トンを超える4WD車が水に浮く度に、緒方さんはひやりとさせられた。

運転席の窓が開いていて人影が見える。事情は分からないが、小野寺さんはまだ車内にいるのだ。大声で呼んだものの、反応がなかった。

ただのスタック（車輪が空転して立ち往生すること）ではない。持参した装備など役に立たないし、大型のクレーンが必要になるだろう。緒方さんは若い警官をその場に残して道路まで引き返すと、パトカーに控えていた中年の警官に状況を詳しく説明した。

「なるほど……。この道路から長いウインチで引っ張る訳にはいかないかね?」

「できるかもしれませんが、ワイヤーチェーンを何本も延長しないと届きませんよ」

それを聞いた警官は何処かへ連絡を始めた。

ほどなく海岸に人影が見えてきた。若い警官と一緒に、何と小野寺さんがこちらへ向かってくる。ずぶ濡れで足取りも覚束ないが無事らしい。四人は道路で合流した。

ところが、若い警官が緒方さんを少し離れた場所へ呼んだ。声を潜めて、

「いきなり車から飛び出してきたんですよ。あの人は、その、何と言いますか……」

遠回しに〈精神に異常があるのか?〉と訊くので緒方さんは驚いた。

「いいえ。私が知る限り、そんなことはないはずですが……」

そのとき小野寺さんが何事か叫んだ。

逃げ出そうとして中年の警官に制止されている——。

霙《みぞれ》だったのが真っ白な雪に変わってきた。

四人がパトカーの中で三十分ほど待っていると、ウインチ付きの大型クレーン車が一台やってきた。中年の警官が知人の土木会社の社長を呼んでいたのである。

小野寺さんには若い警官が付き添い、中年の警官と緒方さんはパトカーから出て、土木会社の社長と相談した。その結果、やはり道路へ引き上げることになった。

海岸での作業は順調に進んだ。いよいよ車体にフックを掛けるのみとなる。

だが、車体は既に窓の真下まで海水に浸かっていた。波が来る度に今にもひっくり返りそうになる。しかも牽引用のフックは車体の後方下にあった。チェーンのフックを掛けるには誰かが極寒の海へ潜らなければならない。

どうする？　三人が思案していたところへ野太い叫び声が響いた。

「その車に触るなああっ!!」

振り向くと小野寺さんが走ってくる。若い警官が慌てて追い掛けてくる姿も見えた。

小野寺さんは幽鬼のような面持ちをしていた。以前とは声も人相もすっかり変わってしまっている。

「触ったらあんたらも引き込まれるぞおっ！」

と怒鳴った。中年の警官が現状を説明しながら取り押さえようとした。ところが、

「だったら、俺が付けるうっ！」

とフックを引っ掴んで駆け出した。

そして吹雪の様相を呈してきた海へ躊躇《ためら》うことなく入ってゆく。潜っては失敗し、息を吸ってはまた潜って、何度もフックを取り付けようとしている。

その姿はもはや狂人以外の何者でもなかった。大の男四人が完全に圧倒されてしまい、ただ眺めていることしかできなかった。

やがてフックの取り付けに成功したらしい。

土木会社の社長がクレーン車に駆け戻り、ウインチで引っ張る作業に入る——。

しかし、その前に小野寺さんは開いていた窓から車内に潜り込んでしまった。当然、中は水浸しになっている。警官達は慌てたが、緒方さんは咄嗟に思い付いたことを叫んだ。

「小野寺さん！　ギアをニュートラルにして下さい！」

この車はオートマなので、ギアがパーキングの状態だとしたら操作しなければ動かせない。小野寺さんもそのつもりだったのか、窓から手を出して親指を立てて見せた。

全く、何処までが正常で何処から狂っているのか、よく分からない。

引き上げ作業は無事に成功した。

車は後から積載車を使って緒方さんが店の整備工場へ運ぶことにした。小野寺さんは警察に〈保護〉されることになった。

けれども、彼は海のほうを見ながら騒ぎ出したのである。

「ああっ、早く行かなきゃあ！　邪魔するなあっ！」

彼は抵抗を続けたが、警官達によってパトカーに乗せられた。

整備工場で緒方さんは、水浸しになった車の内外を調べてみた。

すると、ボンネットや前のバンパー、ドアなどに鋭い爪で引っ掻いたような傷痕が無数に付いていた。車内からは数多くの御守りや御札の類が出てきたという。

小野寺さんは警察で検査を受けたが、アルコールや薬物は検出されなかったらしい。

直に釈放されたものの、その後、家族に無断で外出したきり連絡が付かなくなっている、とのことであった。

長田さんは小野寺さんの身を案ずると同時に、身震いを禁じ得なかった。

（このままだと、次は俺も……）

と、考えるといても立ってもいられない気分になってくる。

更に小野寺さんが保護された場所がどの辺りだったか、緒方さんから詳しく聞いた長田さんは憂鬱になった。その土地からまっすぐ沖合に向かった地点こそ、二人が四カ月前に船で遭難しかけた海域だったのである。

小野寺さんは未だに発見されていないという。

朝焼けに映える海

鈴堂雲雀

今から三十五年程前の話。

田舎町に住んでいた徳井さんは小学二年生で、丁度夏休みに入っていた。

休み明けに提出する課題は出されていたが、総量としては微々たる物。

故に何の心配も持たずに、毎日のように友人とグラウンドを走り回ったり、実家の眼前に広がる海で疲れ果てるまで泳ぎ続けていた。


ある日の早朝。

いつもなら母親に叩き起こされるまで熟睡している徳井さんだが、その日に限って不意に目が覚めた。

布団の頭上に置かれた目覚まし時計を見ると、針は午前四時近くを指し示していた。

（ラジオ体操が始まる六時までは、まだまだ時間があるな）

そう思った徳井さんは家族に気付かれぬよう、こっそりと着替えて玄関に向かう。

当時の田舎町ではどの家も玄関に鍵を掛けることはなかった為、解錠する余計な音を立てることもなく、そっと家から抜け出すことに成功した。

視界に広がる空はこれまでに知っていた闇夜とは違い、どこか青みを帯びている。

そんな些細なことで徳井さんの気持ちは昂ぶった。

（そうだ！　海にも行ってみよう！）

目の前に存在している海へ向かう僅かな間にも、空はどんどん仄白《ほのしら》んでいった。

砂浜に辿り着いた徳井さんを待っていたのは、見事な朝焼け。

天から順番に紫色、白く広がるライン、オレンジがかった水平線際に暫し心を奪われた。

そうしている間にも、日は昇り続ける。

今度は海面に浮かぶ波が、キラキラと輝き出した。

（すっげぇー！）

すっかりテンションの上がった徳井さんは、訳もなく砂浜を駆け出す。

――ドサッッ!!

一瞬、何が起きたのか理解できなかったが、徳井さんは腰付近まで砂浜に隠れていた。落とし穴に嵌《はま》っていたのである。

誰が発端で始まったのかは定かではないが、その当時、子供達の間では落とし穴を作るのがブームになっていた。

皆、穴を掘っては波打ち際に流れ着いたトロ箱の蓋や薄い化粧板で蓋をして、砂を被せ隠す。

その後はテトラポッドの陰から覗き、落ちた者を笑って楽しむ遊びだった。

徳井さんのような低学年の子は手で掘る為、脛付近まで落ちるような穴が精一杯だったが、中学生にもなるとスコップなどを持ち出し〈範囲は狭く穴はより深く〉と本気で落とし穴を作る者も出始めていた。

（この深さ……。中学生だよなぁ）

徳井さんは穴から這い出ようとするが、力を込めると砂の壁はざらざらと崩れてくる。

崩れた砂は足首を埋め、ますます身動きが難しくなっていった。

どうしようもなくなった徳井さんは、それまでの楽しい感情が一気に消え失せ、次第に涙が溢れてくる。

その瞬間。

――砂に埋まった状態の彼の両足首を誰かが攫んだ感触が伝わる。そして、力任せに砂中へグンと引き摺り込まれた。

徳井さんは訳も分からずパニックに陥る。

思わず頭を上に向けると、視界には落とし穴を縁取る円が映るのみ。

手を伸ばせば、ギリギリ縁には届くのだろうか。

恐怖で声も出せずに只ひたすら足掻いていると、足首を攫まれている感覚が消えた。

徳井さんは〈今だ〉とばかりに、必死で手を伸ばし何かに縋ろうとする。

何者かに引き摺り込まれた際、徳井さんの身体は既に胸元近くまで砂に埋まった状態となっていたのだ。

穴の中から覗く、ついさっきまで綺麗だと思っていた空が酷く遠い物に思えた。

そして、〈自分はここで死ぬ〉と不穏な思考が過ぎった。

――ザバァッ！

情けなく頭上を見上げていた徳井さんの顔面に、突如バケツをひっくり返したような量の海水が降ってきた。

通常、波が届かない所に落とし穴を作るのが基本である。

よって、どこから降り注いできたのか分からない海水を、徳井さんは無抵抗のまま浴びることになる。

多少の砂も混じっていたのだろう、目に沁みる痛さと異物が入った違和感は耐え難いものがあった。

それをきっかけに、何かの糸が切れた徳井さんは大声を上げて泣き出した。

しゃくり上げながらも涙を流し、砂を取り除こうと目を擦る。

口の中に入った多少の砂は気が動転していたこともあり、唾液と共に飲み込んでいたような気もする。

「――サトルっ!!」

突如頭上から聞こえた自分を呼ぶ声に、徳井さんは思わず手を伸ばした。

「しっかり握れ！　せーの！」

誰かが引っ張り出そうとしてくれているのは理解できた。

目は沁みて開けられないながらも、この手だけは離してはいけないと必死に握り返す。

それからどれ位の間、身体を埋めていた砂と格闘していたのかは分からない。

ただ少しずつではあるが、身体は砂から解放されていった。

「はーっ、はーっ、はー……」

漸く引き上げられた徳井さんのすぐ近くで、誰かが息を切らせている。お礼を言おうと慌てて目を擦り続けていると、漸く少しだけ目が開けられるようになった。

眼前で息を荒げながらその場に座り込んでいたのは、親友の近田君だった。

息も絶え絶えの近田君曰く、目が覚めた瞬間に徳井さんの顔を思い出し、呼んでいるように思えてならなかったのだと言う。

そう感じた途端、身体は自然と海に向かい、そこで徳井さんの泣き声が聞こえ、慌てて駆け寄ってきてくれたらしい。

その理由は近田君自身もよく分からないのだと言った。

思わず徳井さんは近田君に抱きつき、泣き叫んだ。

安心できたことと、助けてくれたのが親友だったからだろう。

徳井さんは感情の赴くまま、強く強く近田君にしがみついていた。

暫くして漸く我に返ると、既に校庭で行われるラジオ体操は終わっている時間だった。

二人は揃ってすっぽかしてしまった。

すっかり元気を取り戻した徳井さんは「後で遊ぼう」と約束を交わし、近田君と砂浜で別れた。

鼻歌を歌いながら砂と海水に塗れた徳井さんが家に帰ると、玄関で母親が待ち構えていた。ラジオ体操の会場にいなかったことが、既にどこからか伝わっていたようだ。

砂浜での状況を説明すると両親にキツく叱られ、罰としてその日の外出を禁止された。

結局、近田君との遊ぶ約束が果たせなかったことになる。

「で……次の日の朝ですよ」

近田君は穏やかな波打ち際で溺死体となっていた。

散歩に来ていた近所の老婆が発見したらしい。

近田君の近くには、ぽっかりと口を開けたそれなりの深さの落とし穴が一つ。

恐らく、落とし穴に落ちてから、どうにか自らの力で這い出たのであろう。

穴から五メートル程先の波打ち際へと、一直線に近田君が這い蹲った跡だけが砂に刻まれていた。

ただ落とし穴付近には近田君が落下するまでの足跡が一つもなく、這いずった痕跡以外、辺り周辺の砂は浜風の影響を受けることなく綺麗にされた状態だったという。

故にどこから来て、どのように穴に落ちたのかは不明のままだ。

「その婆さんは、子供の『助けて！』という声に呼ばれたと言っていたそうなんです」

ただ残念なことに間に合わなかった。


近田君はどうして海へと向かったのか？

助けを呼んでからの短時間で溺死できるものなのか？

また穏やかな波に小学生が飲まれたりするものなのだろうか？

——徳井さんは未だに、これらの疑問に囚われている。

説明は付けられないが自分のことがきっかけとなり、代わりに近田君が犠牲として選ばれたような気がしてならないという。

幽霊船

平谷美樹

寺下文昭の母方の祖父、北嶋昭造は漁師だった。

海で数々の怪異を体験しているという。

昭和三十年代（何年であったのかははっきりしないという）のある秋。

昭造は夕方、小舟を入江に浮かべ釣りをしていた。竿を使わず、大きな糸巻きから糸を垂らし、指の感触でアタリをとる釣りである。仕事である漁は朝のうちに終わっていた。小舟での釣りは趣味である。

網での漁よりも、指に手応えを感じる小物の釣りのほうが昭造は好きだった。

ちょうど潮が満ちてくる時合で、そこそこの大きさのアイナメがすぐに釣れた。

釣ったアイナメをさばき、その内臓を刻んで鉤につけて落とすと、すぐに魚が食いついた。またアイナメだったので、昭造は舌打ちして海に放した。

釣った魚は焼いたり刺身にしたりして酒の肴にする。アイナメは独特の臭みがあるので、あまり好きではなかった。

できればソイを釣りたい。ソイは引きもいいし、刺身にしても美味い。

しかし、その日かかるのはアイナメばかり。仕方なく、大きなものだけを選んでビニール袋に入れた。

海は凪《なぎ》。ゆったりとうねる海面には赤紫に暮れてゆく空が映っていた。

船縁から出した手を上下させ、魚を誘いアタリを待つ。

しかし、十分ほどアタリが遠のいている。満潮まではまだ間があり、今は上げ潮で食いが立っている時間帯である。いつもならば、入れ食い状態になるはずだった。

「おかしいな――」

昭造は呟いて目を閉じ、指先の感触に神経を集中させた。

スッと冷たい空気が全身を包んだ。

昭造は目を開けた。視線は艫《とも》の方角を向いていて、入江の集落が見えた。

視野の外れに黒いものが見えた。漁船の一部のように感じた。

昭造の舟のすぐそばに漁船が浮かんでいる――。

視野の隅に見えている漁船は、昭造の舟よりずっと大きい。船が近づけば波が立つ。エンジンの音もする。接近に気がつかないはずはない。

漁船は得体の知れない気配を放っている。空間をビリビリ震わせるような気配が、背後から昭造を包み込んでくる。

昭造はすぐにその正体に気づいた。

一ヶ月ほど前、ひどく海が荒れた日があり、漁師仲間の船が遭難した。

二日後、船底を上にして漂う船と、乗組員の死体が発見された。

船の名は旭丸。船長は昭造と同級生の小林という男だった。

「昭造……」

斜め後方から声が聞こえた。喉の奥で溜まった水がゴロゴロと鳴るような声だったが、小林の声であることは分かった。昭造は答えなかった。

「昭造……」

もう一度聞こえた。昭造は身を固くして震える唇を噛み締めた。

「乗って行けや」

別の声が言った。乗組員の松本だった。

「一緒に漁に行こうや」

今度の声は佐野。

「昭造……」「昭造……」「昭造……」

三人の亡霊は何度も昭造に呼びかけた。

その声を聞いているうちに、フッと気が遠くなった。昭造は強く手を握り締め、掌に爪を突き立てた。

「昭造……」「昭造……」「昭造……」

また意識が遠のく。昭造はたまらず言った。

「おまえたちとは行かない！」

一瞬、間があった。

「付き合いが悪いのう」

小林の声が言った。

スッと気配が消えた。昭造は恐る恐る背後を振り返る。

藍色に暮れてゆく東の空と、黒々とした海。

ぼんやりとした船影が遠ざかっていく。

昭造は急いで釣り糸を引き上げた。何か手応えがあったが、釣れたものを確かめもせずに船外機に飛びつき小舟を走らせた。

港に着き、桟橋に飛び乗って舟を舫《もや》う。

もう一度沖を見たが、幽霊船の姿はもう無かった。

全身から力が抜けるような安堵感に溜息をつき、もう一度、小舟に降りた。釣った魚のビニール袋を取るためだった。

船底に、二つ白い物があった。

一つは魚のビニール袋、もう一つは帽子だった。

船長帽——客船などの大きな船の船長が被っているあれである。

小林のものであることはすぐに分かった。

旭丸と同時期に手に入れた帽子だった。

小林は真新しい帽子を斜に被り「これを被るのが憧れだったんだ」と漁師仲間に言った。

仲間たちは、小さい漁船の船長には分不相応だと笑ったが、小林は「船長には違いあるめぇ」と意に介さなかった。

海から引き揚げられた小林は、帽子を被っていなかった。

自分の釣鉤にこれがかかったのは、偶然ではあるまい。

昭造は帽子に合掌すると、手に取って遺族の家に向かった。


調べてみると、旭丸を目撃しているのは昭造ばかりではなかった。その港の漁師たちも幾度となく船影を見ていた。

霧の中を音もなく進む旭丸。明け方の水平線に向かって進む旭丸——。

今でも時々、旭丸は目撃されている。

渓流の一夜

戸神重明

　祐輔さんの趣味は渓流釣りである。その夏、彼は恋人の芽衣さんを連れて一泊二日の釣り旅行に出かけた。芽衣さんは目がぱっちりしていて、色白の愛らしい顔立ちをした女性だが、川を渡るのも藪を漕ぐのも平気、という男勝りな面を持っている。二人は奥山に入り、渓流を遡りながら竿を出した。しかし、大物はなかなか針に掛からない。イワナややマメ、たまにカジカまで釣れたが、小物ばかりなので全て放してやった。

　ひたすら上流へ向かううちに日が傾いてきたので、二人は川沿いのやや小高くなった場所にテントを張った。祐輔さんは釣りたての魚を串焼きにして食べるのを楽しみにしていたが、芽衣さんの手作り弁当で夕食を済ませた。焚き火を前にバーボンを少し飲む。二人とも酒には滅法強く、ほろ酔いになった程度だったが、明日も早朝から釣りをしたいので深酒はせず、早めにテントに入って眠ろうとした。そのとき芽衣さんが、

「ああ、びっくりしたわ！」

「うふふ。こんばんは」

などと、あらぬ方向に向かって独り言を言い出した。

祐輔さんは何事かと思ったが、二人の他には誰もいない。にも拘わらず、芽衣さんは楽しそうに喋り始めた。そちらには暗闇があるばかりだというのに——。

「おいおい、どうしたんだい？」

彼女の肩を叩いて話を中断させると、

「何言ってんの」

と、逆に呆れられた。

そして芽衣さんはまた一人で会話を始める。話の内容は〈泊まりで釣りに来た〉〈大きいのは釣れなかった〉〈あなたはこんな時間まで何をしていたのか？〉といったものだ。

「気持ち悪いな。変な冗談は止めてくれよ」

祐輔さんはまた話を中断させた。

芽衣さんは一度黙ったものの、再び暗闇のほうを向いた。

「あら、何処へ行くんですか？」

やがて少し離れた木の上から、枝葉が揺れる大きな物音が聞こえてきた。更に地上の下草や落ち葉がわななき、落ち枝が折れる音が続く。

何か大きな動物が木に登り、飛び降りてきたような物音であった。

「何かいる!」

祐輔さんは慌てて懐中電灯の光を向けた。

「熊か⁉」

だが、木の周りには何もいない。芽衣さんが笑った。

「熊じゃないわ。人よ。人がいるのよ!」

その間も物音がやまずに聞こえてくるので祐輔さんは明かりを向けたが、やはり何もいない。しかし、ブナの大木の枝が激しく揺れているのが見えた。

やがてまた大きな音がして、地上に何かが落下したらしい。けれども、相手の姿は依然として見えなかった。

「アハハハハッ! 楽しそう!」

芽衣さんが笑う。いつもと違ってだらしない、下卑た笑い方であった。

「誰がいるんだ? どんな奴がいるんだよっ?」

「えっ？　何言ってんの。あそこにいるじゃないの。変なこと言わないでよ」

それでも問い詰めると、芽衣さんはにたにた笑いながらこんな話をした。

その人物は年齢も性別もよく分からない。上下ともに紺のジャージを身に着けていて、未成年にも中年のようにも見える。髪が短くて一見すると男のようだが、背が低くて身体付きは華奢、のっぺりした小顔も女を思わせる。先程から〈ましら〉のように軽々と木に登っては、枝から飛び降りることを何度も繰り返しているという。

祐輔さんは気味が悪くなってきた。確かにブナの枝葉は揺れているし、地面の下草は倒され、落ち葉や落ち枝が舞い上がるのだ。風も吹いていないというのに——。

できれば芽衣さんを連れてすぐにこの場から逃げ出したかったが、辺りは真っ暗になっている。来るときは川の浅瀬や岸辺を通ってきたので近くに登山道はない。昼間と違って熊も盛んに活動していることだろう。夜が明けないことには林道沿いの空き地に停めてきた車までは、とても引き返せそうになかった。

やがて木の周りから響く物音が止んだ。すると、

「あっ、私も行く！　待ってぇ！」

芽衣さんが真っ暗な森の中へ駆け出そうとしたので、祐輔さんは慌てて制止した。

「何処へ行くんだ？　迷って帰れなくなるぞ！」

祐輔さんは力ずくで芽衣さんをテントの中に押し込んだ。芽衣さんは抵抗しなかったものの、不機嫌そうに黙り込んでしまう。ランタンの光を向けて話し掛けると、そっぽを向いた。そこで祐輔さんもテントに入り、出口の前にどっかりと座り込んだ。

一方、芽衣さんは「ふん」と鼻を鳴らしてから、こちらに背を向けて横になった。

寝息が聞こえてこないので、祐輔さんは彼女に声を掛けてみたが、相変わらず黙り込んでいる。思えばあの物音が途絶えてから何も喋っていない。

「起きてるんだろ。さっきから何で返事をしないんだよ？」

またランタンの光を近付けながら、彼女の顔を覗き込もうとした。

光に反応したのか、芽衣さんも寝返りを打ってこちらを向く。

ところが、その風貌がすっかり変わっていた。

いつの間にか、男のような短髪になっていた。鼻の低い、のっぺりした小顔。細い目と荒れた肌。若いのか中年なのか、年齢も性別も定かでない。まるで別人の顔になっていたのだ。しかも、にたにたと嫌らしい笑みを浮かべている。

祐輔さんは悲鳴を上げてテントから転げ出た。今度こそ逃げ出したかったが、無理をすれば確実に遭難する。朝まで身動きが取れないことをすぐに思い出した。

芽衣さんは依然としてテントの中にいる。祐輔さんは深呼吸を繰り返して心を落ち着けてから、テントに戻った。

ランタンを向けると、芽衣さんは仰向けになって眠っていた。元の顔に戻っている。しかし、呼んでみても目を覚まさない。やけに青褪めた顔をしていて、呼吸もしていないようであった。

（大変だ！　死んでいるのか？）

祐輔さんは狼狽した。

それでも肩を掴んで何度も揺さぶると、漸く息を吐く音が幽《かす》かに聞こえてきた。

（良かった！　生きている！）

だが、その後も芽衣さんは目を覚まさなかった。麻酔でも掛けられたかのように眠り続けている。祐輔さんは夜明けまでずっと不安な心持ちで過ごさなければならなかった。時間の経過が酷く遅く感じられる。座ったまま少し眠ろうとしたが、一睡もできなかった。

漸く朝が来て、芽衣さんは目を覚ました。

「どうしたの？　げっそりしちゃって……」

怪訝な顔をしている。それは本来の彼女の顔だったので、祐輔さんは漸く安堵することができた。昨夜起きたことを話すと、

「えっ！　私がそんなことを？　……バーボンを飲んでから後のことは覚えてないのよ」

と、芽衣さんは目を丸くしていた。

雪かき

つくね乱蔵

谷口さんは小学生の頃、福井の山奥で暮らしていた。

冬になると、陸の孤島と呼ばれるほどの豪雪地帯である。

毎日のように雪下ろしをしても、到底追いつくものではない。村の家はすべて深い雪に埋もれ、ただ静かに春を待つ。

雪下ろしは大変に危険な作業であり、毎年、なんらかの事故が起きた。

腰痛に悩むぐらいならまだしも、足を滑らせ屋根から落ちて骨折する者も珍しくはなかった。

しかし、もっと恐ろしいのは、屋根から落ちてそのまま雪に埋もれてしまうことだ。

雪質の柔らかい新雪だと頭の天辺まで埋まってしまい、なかなか這い上がることができない。

それでも、体力のある者は何とか自力で抜け出せたのだが、石川家の節子という老婆は、残念ながら雪の中で力尽きた。

更に、ひとり暮らしであったことが老婆の発見を遅らせた。

その翌朝。近所の犬が節子婆さんを発見した。

節子婆さんの家の辺りを駆け回った犬の小便が、軒下に積もった雪を融かしたのだ。

そこから、右手首が突き出していた。

雪の中で最後までもがき苦しんだのだろう。その手は雪を固く握り締めていたという。

節子婆さんは身寄りもなく、家は直に廃屋となった。

週末にまた大雪が降った。

雪を下ろす者がいなくなった節子婆さんの家は、巨大なカマクラのようになった。

このままにしておくと、家が潰れてしまう。

誰も住まない家ではあるが、潰れてしまうと雪が融けた後に危険な半壊家屋となり、却って厄介になる。

そこで、村人は順番を決めて節子婆さんの家の雪を下ろすことにした。

最初に行ったのが谷口さんの班であった。
手際良く雪を下ろす大人達を待ちながら、谷口さんはスキーで遊んでいた。
小さなジャンプ台を作り、気分はオリンピック選手である。
「よし、もう一度。今度はもっと高くから飛ぶぞ」
スキー板を肩に担ぎ、下ろしたばかりの雪の山を踏み固めながら登った。
この辺りでいいかな、とスキーを履こうとした——そのとき。
不意に、足首を掴まれた。
一瞬、見下ろす。
雪の中から突き出た皺だらけのか細い手が、谷口さんの足首を握り締めていた。
あっ、と悲鳴を上げる間もない。
谷口さんは強い力で雪の中に引きずり込まれた。
雪中には、思いがけず大きな穴があった。
そこに積もっていた雪は、おそらく二メートル程度の深さしかないはずだ。
しかし、谷口さんの身体はずぶずぶと雪の奥に引き込まれた。
二メートルどころではない。もっとずっと深い。

もがきながら足下を窺うと、老婆の顔が見えた。

その顔は雪よりも白い。ぽっかりと開けた口には雪が詰まっている。

雪だるまのように真っ白いのに、その両目だけが真っ赤だった。

谷口さんは、握り締めていたストックで、何度も何度も老婆を突き刺した。

手応えはあった。

老婆の身体を踏みつけ、その戒めを振り払いながら、ようやく首から上を雪の穴の外に出すことができた。

「誰か！　誰か！」

谷口さんの必死の叫びを大人達が聞きつけた。

「なした！」

異変に大人達が気付いた瞬間、足首が軽くなった。見ると、谷口さんの足首から手を離した老婆は、穴の奥深くの暗い闇にゆっくりと沈んでいった。

大人達に引きずり出されたあと、穴を覗き込んでみた。しかし、そんな闇はどこにもなく、もがいて踏み固められた雪の穴底があるだけだった。

谷口さんは、大人になり村を離れた今でも、時折あの真っ赤な目を思い出すという。

捨島

黒木あるじ

九州のとある県で小料理屋を営む男性から、お聞きした話である。

彼が幼い頃、お祖父《じい》さんより聞いた出来事だという。

「祖父はAという離島の出身でしてね。まあ、九州の人間なら島名を知らん者はいません」

現在でこそ島内のキリシタン遺跡や新鮮な海の幸、イルカウォッチングなどを目当てに多くの観光客が訪れるA島だが、祖父が幼い頃は小さな漁村でしかなかったそうだ。

「魚を獲る以外は何もできんところだったと、繰り返し言っていました」

A島周辺には、数々の小島が連なっている。そのうちのひとつに「捨島」と地元民から密かに呼ばれている小島があった。ただし、捨てられるのはゴミや廃棄物ではなく、人間。

捨島は、ハンセン病や精神疾患に罹った人を隔離するための島だったのである。

「祖父が若い頃と言いますから昭和もはじめ、多くの誤解と差別と偏見があった時代です。島へ捨てられた人々は、粗雑な施設で身を寄せ合いながら暮らしていたと聞いています」

彼らに対する扱いは、島の名からも解るとおり、ほぼ「見殺し」同然だった。

治療はおろか投薬や診察なども皆無。援助といえるのは、週に一度A島から漁船で運ばれるわずかな食料や日用品だけ。その受け渡し方法も、船着場とは名ばかりの桟橋へ荷を放り投げ、逃げるように立ち去るというお粗末なものだったらしい。

運び役は、地元の漁師たちが持ち回りでおこなっていた。

「遺族や国からの援助があったみたいです。まあ、漁業に頼るしかない暮らしの中では、貴重な定収入だったんだと思います」

彼の祖父も小遣い稼ぎのため、仲間の漁船に同乗しては幾度となく捨島を訪れていた。

港も家もない、岩と薮ばかりの「悲しさ以外は何もない」島だったそうだ。

時おり波間に揺れる衣服らしき布切れを目撃し、砂浜にきっちりと揃えられたボロ靴を見つけた。ある時は、浜辺の木に隠れてこちらをじっと見る影と目が合ったが、どうして良いのか解らず、顔を伏せて船を出したという。

影は、痩せ細った幼い子供だった。遠目に、笑いながら手を振っていたように見えた。

「本当に悲しい島だったよと、いつも悔しそうな口調で言っていましたね」

捨島へ赴く際、乗組員は決まってひとつの約束事を船頭から言い含められた。

いわく「捨島の帰り道で誰かに呼ばれても、絶対に答えてはいけない」

初めて船に乗った時からしつこいくらい聞かされた台詞だったが、まだ若かった祖父は内心、その決まりに納得していなかったのだという。

いかに彼らが伝染病患者（当時ハンセン病は高確率で伝染すると頑なに信じられていたのである）とはいえ、声をかけられた程度で伝染るはずもない。そこまで邪険にせずとも良いではないかと、時代錯誤な考えにたいそう立腹していたらしい。

「そんな気持ちがあったからでしょうね。ある日の帰り、祖父は答えたんだそうです」

潮の香りが強い、曇天の夕方だった。

いつもどおり捨島へ荷を放って間もなく、A島へ戻る船の甲板で鈍色《にびいろ》の空を眺めていた祖父の耳に「おうい、おうい」と呼ぶ声が届いた。

周囲を確かめたが、口を開いている船乗りは誰もいない。見回している間にも「おうい」という声は絶え間なく続いている。風が強いため声の所在《ありか》は解らないが、どうやら浜から船へ向かって呼びかけているように聞こえた。

改めて船の中を見渡したものの、誰も耳をそばだてる素振りさえない。船頭などは頭を垂れて、甲板をじっと見つめている。

どいつもこいつも、わざと聞こえないふりなんかしやがって。

憤りにまかせ、祖父は何度目かの「おうい」という声に応え、「なんだい」と呟いた。

「この馬鹿っ」

突然、船頭がこちらへ駆け寄ってくるなり、祖父の横面を思い切り引っぱたいた。

「死にてえのかっ、決まりを破りやがって」

凄まじい剣幕で怒鳴りつけると、船頭はほかの船乗りに「早く持って来い」と苛立った口調で告げながら祖父の首根っこを掴み「お前はとっとと舳先へ走れ」と背中を蹴った。

わけが解らぬまま舳先へ向かう。すれ違うように船員の一人が船尾へと走っていった。腕組みをした船頭に指示されながら、船員が船のへりに沿って、拳ほどの白い塊を等間隔に並べはじめる。

祖父は狼狽しつつも、白い塊の正体を見極めようと目を凝らしたのだという。

「小さな、握り飯だったそうです」

何が起きているのか訊ねようとした瞬間、船が速度を速めて祖父は体勢を崩し、甲板に尻餅をついた。

何かから逃げるような船の速度。眉間に皺を寄せた船頭。沈黙の中に漂う緊迫した空気。とても質問できるような雰囲気ではなく、呆然としたまま皆の動く様を見守るよりほかなかったそうだ。

薄汚れた船のへりに握り飯が左右へ奇麗に並べられていく。

三分ほどで十二個ほどの小さな握り飯が、船を飾るように置かれた。

「……開襟シャツのボタンみてえだな」

場違いな感想を小声で漏らした祖父の目前で、船尾に置かれた握り飯が左右同時に海へ姿を消し、小さく波音があがった。

米の糊が船べりに筋を作ったのを見て、祖父は「おやっ」と首を捻る。

揺れた反動で落ちたのなら、船べりに米の跡は残らないのではないか。あれではまるで、船の外から誰かが握り飯を引きずったみたいではないか。

それに、振動で落ちたのなら左右ばらばらに落ちるはずだ。少なくとも片方は船内へと転がらなければ理屈に合わない。

訝しがっているうち、再び握り飯が左右あわせて海へ落ちた。今度は明瞭りと、へりを這うようにずるずる引きこまれてゆくのが解った。

「なんだこれ。なんだよ、なんなんだよこれ」

脅える祖父の口を、船頭の掌が塞ぐ。粗削りな岩に似た感触の手だった。

「喋るな、まだ抜けてねえ」

その言葉と同時に手前の握り飯が平らにひしゃげ、海へ攫《さら》われていく。拳を叩きつけたような潰れ方だった。

あきらかに、握り飯を奪っている〈なにか〉が憤っているのだと理解した。

叫ぼうとしたが、喉の奥がぴんと突っ張って言葉が出ない。立ち上がろうにも腰も腕も震えが止まらず、動く事もままならない。ふと周囲を見れば、何かから逃げるように船員すべてが舳先に身を寄せて集まっている。

船頭が念仏を唱えているのに気がついた瞬間、祖父は死を覚悟したという。

「残り、四つか」

誰かが囁く。目の前の握り飯ふたつが、水の中へ落としたようにばらばらと崩れた。

船べりに散らばった米粒が、指先で掻き集められるように音もなく海へと落ちていく。

握り飯は、残りふたつになっていた。

「祖父も思わず、うろ覚えの念仏を唱えたそうです」

目を瞑り、両手をあわせて拝み倒しながら一心に経を読んだ。頬を叩く潮風がいっそう強くなる。空気が湿り気を帯びて重くなる。誰か乗りこんだかのように船がわずかに沈み、甲板が軋む音が聞こえた。何も考えぬよう努め、ひたすら経を唱え続けた。

どれほど時間が経ったものか、「抜けたぞ」という船頭の声で我に還った。目を開けた先には、いつもどおりの穏やかな海が広がっている。

捨島はすでに黒い点になっていた。

波に洗われた所為か船内には米粒ひとつ見あたらなかったが、指のような跡がうっすら船べりに残っていた。

今のは何だったんだ。本当に起きた事なのか。

へたりこんだまま呟く祖父の肩へ手を寄せて、船頭が「もう大丈夫だよ」と口を開く。

「名前からして捨島だ。餓死した者や海に入って自死した者も大勢いる。アレは、そんな奴らの成れの果てだ。可哀想だが応えちまったが最後、こっちが持って逝かれる。だから返事の代わりに握り飯を置いて、時間稼ぎをするんだよ」

一気に言い終えると船頭は静かに目を閉じ、島に向かって手を合わせた。

「それから間もなく、祖父は船を降りて内地へ引っ越したそうです。その理由を、祖父は決まって話の最後に漏らしていました」

救えないのに島で暮らすのが、堪えられなかったんだそうです。


話者のお祖父さまは数年前、癌で亡くなった。

葬式の席上、逞しい体躯をした老人数名が「昔の馴染みです」と弔問に訪れたそうだが、あの島の関係者かどうかは聞きそびれてしまったという。

A島は前述したとおり、現在は観光地として季節を問わず賑わっている。

捨島の事を知っているものは、現地の人間でもほとんど居なくなってしまったそうだ。

山骸

黒木あるじ

N爺は、人生の八割を山で過ごしたと豪語する御年八十の猛者である。

若いときは炭焼きや林業で口を糊して暮らし、年を取るにしたがい、茸や山菜を採っては町に卸す生活を営むようになった。

我が家よりも裏山に建てた小屋で寝起きする方が性に合っていたというから、筋金入りの山人といえる。

「人間は嘘すっけど山は正直だぉん。きちんと向き合えば、なんでも答えてくれるんだよ」

そんなひとことを繰り返しては、人の愚かさをなじるとともに山の豊かさを称賛するのが、酔ったときの恒例であったそうだ。

そのN爺が、ある日を境に山へ入るのを、止めた。

秋だったという。

サモダシと呼ばれる茸を探して、爺は山の奥へ奥へと足を進めていた。背中に負った籠は大株のサモダシで埋まっていたが、どうせなら自分しか知らない穴場を巡り、値のつきそうな茸を採ってから帰ろうという算段だったそうだ。

獣道すらない岩場を軽々と越え、村を流れる川の源流を遡って歩き続ける。

小一時間も歩いた頃だったろうか。ふいに苦味の強い臭気が鼻をかすめた。何度か嗅いだことのある、獣の死骸が発する血膿と糞便の臭いだった。

周囲を見渡しながら臭気の在り処を探ると、こんもりとした藪の中に草が途切れた空間を見つけた。出鱈目に伸びた蔓を鉈でさばきながら近づく。ひと足毎に、臭気が濃くなる。

辿りついた先には一頭のニホンカモシカが横たわっていた。角の形状と体躯から察するに、年を経た雄のようである。

老いさらばえて餌も取れずに息絶えたか、もしくは病に負けて力尽きたのかもしれない。

「年取るってのは、そういうコトだぉんな」

カモシカにうっすらと己を重ね、戯れに弔いの言葉でもかけようかと亡骸へ近づいた爺の手から、鉈が落ちた。

死体の腹部に、大きな孔が空いている。

はじめは熊か山犬でも食い荒らしたかと思ったが、それにしては妙だった。孔からは臓物がぼたぼた零れて周囲の草を赤く濡らしている。獣なら、柔らかい内臓から手始めに食べるはずだ。それに、皮膚が内側から外へと裂けているのもおかしい。牙や爪を立てたとすれば、肌は身体の内側へ食いこむのではないのか。これではまるで――なにかが突き出てきたかのようではないか。

鉈を拾いあげて構え直し、慎重に歩み寄る。やがて、草を掻いて臓物のそばにきた爺は、再び鉈を落としそうになった。

腸とおぼしき薄桃色の長い管、とぐろを巻いたその真ん中に、見たこともない小さな獣の骸があった。

仔猿の毛をすべて剥いて、頭頂部に突起をつければ、こんな姿になるだろうか。

顔の両端についた眼球が、魚を想起させる。背骨に沿うように生えた長い体毛は、ほかのどんな獣の毛にも似ていなかった。

こいつはいったい、なんなのか。

カモシカを殺したのは、こいつなのか。

持ち帰ろうかとも考えたが、どうしても手が伸びなかった。

いま立っている場所より前に、足が踏み出せなかった。

爺はしばらく二つの死骸を眺めてから、きびすを返して山をまっすぐに下りた。

そしてそれきり、二度と入山しなくなったのだという。


「全部知っていたつもりだったけれども、そうじゃなかった。山ぁ、俺に心ひらいてねぇと思ったら」

怖くなって、もう駄目になったよ。

酒を茶碗で啜りながら、爺は寂しそうに呟いた。

東北の、ある里山にて拝聴した話である。

呼び声

小田イ輔

Rさんの趣味は夜釣りだという。

その日も、釣り仲間二人とRさんの三人で海へ向かった。

「夜だと他に釣り人も殆どいませんから、気楽なんですよね。仕事が終わった後からだったので現地に着いたのは二十時ぐらいだったと思います」

初めて入る防波堤だったという。次の日は休日だった事もあり、釣果が良ければ朝まで粘るつもりで意気揚々と準備をし始めた。

車を停めた場所から防波堤の突端までは百メートル程、イチイチ車に戻ってもいられないので必用物品を抱え込むように持つとそれぞれ歩き出した。

ちょうどお盆の時期だったせいか昼間のうちにやってきた人間が置いていったであろうゴミが所々に散乱し、防波堤はゴミ溜めのような有様だった。

ビールの缶や燃え残った花火、コンビニの袋に入れられたまま放置された弁当の空、釣ったはいいもののサイズが小さいために捨てられた雑魚《ざこ》の死骸。

「あんまり気分は良くなかったですよ、マナーの悪い奴等がいるんだなあって思って。帰りにはそれらのゴミを集めて綺麗にしなきゃなんないなって考えてました」

三人それぞれが気に入ったポイントに腰を下ろして準備を始める。

一人は車に程近い防波堤の入り口辺り、二人目はそこから二十メートル程奥に入った場所、Rさん自身は一番端っこの突端部分で仕掛けを垂らした。

月明かりに照らされた夜の海は、黒々として幻想的である反面、どこか吸い込まれそうな魔性の魅力を持っているとRさんは言う。

「特に潮の流れが急な日なんかだと、見ているだけで空怖ろしいような気さえしますよ。間違って足を滑らそうものならそのまま助からないだろうななんて思いながら釣るんです」

釣果は上々だった。

アイナメやカレイ、ソイなどがポンポン釣れ、時に一メートル近いアナゴがかかる。

「汚いけどいい場所選んだなって、他の二人も同じような調子だったので、これは朝までコースになるぞと」

遠く光る灯台の明かりと、沖合いに見える漁船の集魚灯、反対岸にはポツポツと民家が見え、やわらかな生活光が漏れている。時々、周囲で魚の跳ねる音がする以外は一切無音の凪《なぎ》の海。

二十四は釣っただろうか、気が付いて時計を見れば深夜になっていた。

防波堤の突端から、他の二人の様子を見るように振り返る。それぞれが釣っているポイントに置かれた小さな電灯の光、それに照らされてうっすらと人影が見えた。

二人とも、まだ帰る気は無さそうだった。自分も含め夢中になっているのだろう、釣り始めてから一言も会話をしていない。

「おーい」

声が聞こえた。

防波堤で釣り糸を垂らす二人ではない。

車を停めた辺りから誰かが呼びかけているようだ。

「騒いだりはしていませんでしたし、注意されるような謂れは無かったですから何だろうと思いはしたんです。ちょうど友人の一人が近いところで釣っていましたから、何かあれば彼が対応して、こっちに伝えてくれるだろうと」

Rさんは声を無視して釣りを続けた。

「おーい」

声は断続的に響いてくる。

近くに居るはずの友人もまたその声を無視しているようだ。

せっかくの気分が削がれる、こんな夜更けに大声で呼びかけてくるなんて何処の誰だ。

イライラし始め、振り返る。

「おーい」

声が防波堤の中ほどから聞こえた。

その近辺では、もう一人の友人が釣っているはずだ。

二人とも、どうしてその声の主に対応しないのか。

声が聞こえた辺りからRさんの居る突端部分までは三十メートル程、声は近づいてきている。

「酔っ払いとか不審者みたいな奴だったら嫌だなって……」

釣竿を置くと、身構えた。

「おーい」

暗闇の中から声が聞こえる、誰かが動いている気配はない。

目を細め、声の主を探す。

「おーい」

もう殆ど目の前と言っていい距離、しかし誰もいない。

「おーい」

そんなに叫ばなくてもいい、声は目と鼻の先から聞こえた。


「おい！」

大きな声に驚き、ビクッと体を震わせたRさんの前に、一緒に来た二人の顔があった。

周囲はいつの間にか明るくなっている。

「えっ？」Rさんは驚き、友人達の顔を見つめた。


聞けば、Rさんは海に背を向け、二人が釣っていた方に身構えたまま、ボーっと突っ立っていたのだという。

周囲が明るくなり始めてからそれに気付いた二人が近寄るも、微動だにしないRさんに驚き、慌てて声をかけたそうだ。

二人に「おーい」と呼びかける声について確認してみたが、何のことだかわからないと首を振る。

夢でもみたのか?

狐に摘まれたような気持ちでいると、友人の一人が声をあげた。

「なあ、それ……」

彼が指差すものは、まさにRさんの直ぐ横にあった。

フタの開いていないビールの缶。

封の切られていないタバコ。

パックに入ったおはぎ。

花。

線香の燃え残り。

「何かあることはわかっていたんですが、ゴミが散乱していた場所だったので、てっきりゴミだとばかり……」

Rさん一行はそそくさと荷物をまとめると朝焼け眩しい防波堤を後にした。
彼らは、以降その防波堤での釣りはしないという。

海へ帰るもの

戸神重明

森岡さんは成人後に四国から北海道へ移住し、二十四歳で運転免許を取って車を買った。彼は嬉しくて休日のたびにドライブに出掛けていたが、ある海岸沿いの道路が特に気に入っていた。

五月の日曜日のこと。彼は恋人の夏美さんを助手席に乗せて、いつものドライブコースを飛ばしていた。天気は快晴で風もなく、海はべた凪である。

ところが、正午になる頃、あまりにも心地好い陽気に二人は眠くなってきた。そこで砂丘に造られた市営駐車場に車を停めて仮眠することにした。ここはささやかな観光地になっていて、売店や海へ下りる遊歩道もある。

車やバイクが停まっていて観光客が何組かいたが、二人は構わずシートを倒して仮眠を始めた。ドアガラスを僅かに下ろして空気が通るようにしておく。

暫くして……。

森岡さんは目を覚まして驚いた。うとうとしただけのつもりが、あたりが真っ暗になっていたのである。

（えっ……？　夜になるまで眠っていたのか？）

上半身を起こそうとすると、身体がまるで動かない。首だけ曲げて夏美さんを見ようとしたが、それもできないので狼狽した。

しかし、徐々に目が慣れてきたのか、社内の様子がぼんやりと見えてきた。目を開けていることは確かだ。

（早く起き上がりたい）

そう思っていると、車のボンネットのほうから物音がして、車体の前方が沈んだ。ボンネットの上に何か大きくて重いものが乗ってきたらしい。

外は真っ暗で何も見えないが、得体の知れないものがこちらを覗き込んでいる気配がする。困惑したものの、やはり動けずにいると、またボンネットから物音がした。

車体が揺れる、乗っていたものが降りたようだ。

だが、立ち去ったわけではなかった。

ズシュ……。ズシュ……。

という足音が運転席のほうに迫ってくる。靴に水が入ったような音がしていた。

ズシュ……。ズシュ……。

森岡さんはドアガラスを少し開けていたことを思い出した。

（しまった、入ってこられたらどうしよう！）

けれども、相手はこちらを見ているだけらしい。やがて、

「また、か……」

女の声がした。

そして何処か残念そうな溜め息を吐く音と、車から離れていく足音が聞こえてきた。海の方へ向かっているようだ。

次の瞬間、身体が自由に動くようになった。同時に眩しい陽光が車内に差し込んでくる。

真昼間であった。少し離れた場所に先ほどと同じ観光客達の姿が見える。

「ああ、良かった……」

「ねえ！」助手席の夏美さんが縋り付いてきた。

「今の、何？　何だったの？」

彼女はこんな光景を見ていたそうだ。

夏美さんがふと目を覚ますと、やはり身体が動かず、あたりが夕暮れのように薄暗かった。観光客の姿も見えない。

そこへ、ズシュ……ズシュ……と、足音を響かせながら人影が現れた。

傷だらけの浮腫《むく》んだ顔、青黒い肌、ずぶ濡れの長い黒髪、ブラウスを着てスラックスを穿いているが、どちらも泥まみれである。

髪型と低い身長、服装などから女と分かった。

女は四つん這いになってボンネットに上がってくると、真正面から車内を覗き込んできた。暫くの間、白くどんよりと濁った眼でこちらを見つめていたものの、やがてボンネットから降りて運転席のほうへ回り込んできた。

身動きができない夏美さんからは、女の姿が見えなくなる。

間もなく海に向けて遠ざかる足音が響いてきたが「また、か……」という声や溜め息は聞こえなかった。その後、あたりが一変して明るくなり、観光客の姿が現れたそうである。

森岡さんが車のエンジンをかけて時計を見ると、まだ午後十二時半過ぎであった。

後になって知ったことだが、このあたりは海流の影響で、殺人事件の被害者や自殺者、事故の犠牲者などがよく漂着する場所だったという。

近辺の山

小田イ輔

H君の家は、里山に抱かれた集落の一角にある。集落のほとんどが親戚で、地区全体が家族のようだという。

きっかけは、地区清掃の日の会話。

「今年は誰も沢さ上がんねえんだなあ」

〝沢〟とは集落の真ん中を流れる小川で、里山を越えた山奥から流れてくる。よって、彼らは山に入って山菜やキノコなどを採集してくることを〝沢を上がる〟と呼んでいるのだそうだ。

前年まではH君の祖父が〝沢〟を入り口にして山の中へ頻繁に出入りしていたが、暮れに大病を患って亡くなっていた。

祖父が季節に沿って採ってくる山菜やキノコは旬のものだけあって味も良く、集落の人々に喜ばれていたため、もうその恩恵に与《あずか》れないという嘆き交じりの発言だった。

「なあに、お前《め》ぇ入ってくればいいべ」

「だれ、そんな暇ねえ」

〃沢の集落〃の人々は、それぞれが小さな畑を耕す兼業農家として生活をしている。平日は市内の一般企業で働き、休日になると畑の面倒をみるというサイクルが一般的であるためH君の祖父のように、暇な時間を持て余した年寄りでもない限り山になど入らない。

「山だって、手入れしねえば荒れでくる」

子供のH君に祖父はそう言って聞かせていたというが、その時点で既に山に入っていたのは彼一人。その彼が亡くなったことで、古くから集落の生活を支えてきた里山は、静かに役目を終えようとしていた。


「俺、行ってきますよ」

H君がそう言うと、さっきから益体もない会話を続けていた二人が顔を見合わせている。

「行ぐっつったって、お前ぇ山のことわがんの?」

「まあ、なんとなく、ある程度は」

「簡単に言うげどよ、何あっか知れねぇがら甘ぐ見んなよ」

「ええ、そんなに深くには入りません」

実際、H君は祖父と一緒に、何度も山に入った経験があった。

暇さえあれば山に入っていた祖父に比べれば大雑把なものだろうが、どの辺がどうなっているのかも、頭に入っている。

何より病床において「山ぁ見でけろな」と寂しそうに呟いていた祖父の姿が忘れられなかった。

家に帰り、祖父の遺した山歩きの道具を眺めていると、父親が不思議そうに訊ねてきた。

「そんなもん、何に使うんだ？」

祖父とは折り合いが悪く、ほとんど口も利かなかった父親は、H君が並べている道具を見て不愉快そうな顔をした。

「山さ入ってくる」

父親に告げると「年寄りでもあるまいし、そんなごとしてる暇あんなら嫁でも見っけで来いや」と忌々《いまいま》しそうな返答。

H君もまた、父親のことは好きではない。

何事か呟きながら母屋に向かう父親を尻目に、気を取り直し道具を見る。使用感はあるものの、刃物類はまだ使えそうだ。軍手などの消耗品を買い足せば道具の面では問題ないだろう。

次の休日に、沢に入ることを決めた。

山の中は思っていたよりも歩きやすかった。

H君は、祖父と共に歩いた記憶を頼りに、当時のルートをなぞって進む。

パッと見は鬱蒼と生い茂る草木で前も見えないが、それらを鉈で軽く払うと、進むべき方向がわかる程度には草木がならされている。

近所の人間にくれてやろうと、目ぼしい山菜やキノコなどを摘みながら、亡くなった祖父のことを思い出していた。

「昔は皆、この山の世話になったんだ」

「知らねえ神様に布施するぐれえなら山に酒でもあげねっきゃ」

「人が入んねぐなれば、この辺でも深山と同じよ」

祖父が語ってくれた内容を反芻し、その意味を探るように注意深く歩く。

どれぐらい進んだだろうか。

急に開けた場所に出た。以前この場所で昼食をとった記憶がある。

丁度良く地面から顔を出している石に腰かけると、水筒を手に周囲を眺めた。

——帰るか。

時刻は正午に近い。早朝に出発したことを考えれば、五時間は山の中にいる。

これ以上はどうやって進んだものかわからない。H君が記憶している限り、祖父のルートはここが終点だった。

今来た道を戻るだけなのであれば、ゆっくり下っても夕方前には家に着く。

藪は随分払ってきたし、山菜類も十分な量が採集できている。

立ち上がって帰り支度を始めていると、尿意を覚えた。

——そういえば。

不意に思い出す。

——この近辺に、獣道があったはずだ。

その獣道に向かって、祖父は必ず立小便をしていた。H君も一緒に並んで小便をした覚えがある。

――どこだっけ。

周囲をぐるりと見渡すと、それらしき道があった。

「これは熊だの鹿だのの通り道、人間が通ってはダメな道。これ以上は俺らも進まねぇがら、お前らもこっち来んなつって、ほれ、ションベンで縄張りすんだ。犬猫みでぇに」

そう言って笑っていた祖父を思い出し、供養代わりに倣うことにした。

――しかし。

この道は、一体どこまで続いているんだろう。

「こっから先は本物の山だがら、俺らが入って行ぐもんでねぇの」

呑気な祖父の声が、頭をよぎった。

――ちょっと、行ってみるか。

日はまだ高くにある。疲れもさほど感じていない。

H君は大きな荷物と山菜の入った袋を置くと、自分の小便をまたいで獣道に踏み出した。

軽い冷やかしのつもりだった。

思ったよりも、ずっと山深くまで続いている。

熊よけのための鈴を鳴らしつつ、腰に吊るしたラジオのボリュームを上げた。

まだ一時間も歩いていないが、かなり遠くまでやってきたような感覚。

しかし本当に、熊や鹿が作った道なのだろうか。地面は随分しっかりと踏み慣らされている。これだけはっきりとした道ができるほどに獣の往来が頻繁なのであれば。これ以上進むのは危険なのではないか？　いつ熊や猪などと遭遇するかもわからない。

そんなことを考えると、今更になって急に心細くなってきた。

乱れる心に呼応するかのように風が吹き始める。

見上げれば、木々の隙間から除く空が暗い。雨が降ってきそうだった。

――帰ろう。

そう思い、来た道を戻り始めると、タ、タ、タ、タッと雨が葉に当たる音が聞こえてきた。やがてそれが無数の雨粒が弾ける音に変わる。

――まいったな。

H君は、わらわらと山の中を駆けながら、マズいなと思った。

これだけの量の雨が降ると沢の水かさが増して、容易には越えられなくなる。となれば最悪、山の中で一晩を明かすことすら考えなければならない。それは避けたかった。

しかし、もはや豪雨といってよいほどの大雨になってしまっている現在、沢に下りていく方が危険にも思える。

とにかく雨をしのげる場所でひと息つきたい。

それから今後の展開をしっかり考えたかった。

雨が降っているからだろうか。さっきまで何の気なしに歩いてきた道がやけに険しく感じる。あの開けた場所までなかなかたどりつかない。置いてきた荷物の中には、雨合羽もしっかり入っていたのに。

腰のラジオは濡れてしまったためか、すでに沈黙してしまっている。

後の祭りだということはわかっていたが、心細さと大雨にやられてすっかり委縮してしまったH君は半ばパニックになって獣道を走った。

——こんなに距離があったっけか……。

どうも距離の感覚がおかしい。もうとっくに荷物を置いた場所についてもいい頃だった。

——おかしい、おかしい。

訝しみながら、なお急ぐ先に、さっきは気づかなかったものがある。

お堂のような建物。

——おかしい。こんなものが建っていたのなら、最初に通った際に気づいたはずだ。帰り道になって初めて気づくような建物ではない。

——もしかして。

道を間違えた可能性は十分にあった。大雨に降られ、ぬかるんだ道で、足元だけを気にしながら走ってきたのだ。

焦燥に駆られ急いだ途中で、別の獣道に入ってしまったのかもしれない。

——いよいよマズいな。取りあえずは雨をしのいで落ち着きたい。それからでなくては次を考えられない。ひとまず、あの中に入ってしまえば、雨に濡れることはないだろう。

そう考え、お堂に近づいて確認してみるが、どこにも入り口らしきものがない。

鐘もなければ賽銭箱も置かれていない。四方が木戸で締め切られ、中がどうなっているのかわからないようになっている。

ただ、幸いなことに、床下に人が潜り込めるぐらいのスペースがあった。

——このままここで雨宿りして、最悪一泊するということも……。

廻る頭を落ちつけながら、一息ついた時だった。

どどん

最初は雷かと思ったという。

ドドん

H君から見た天井、つまりお堂の床下が揺れている。

どんどんドンドン

ギシギシと軋みをあげる床下。

どんどんドンドン、どんどんドンドン、どんどんドンドン——

誰かがお堂の中で太鼓を叩いている。

——何?

動揺し、体を硬直させたまま、H君はその場で動けなくなった。

体の芯に直接響いてくるかのように、力強く鳴り続ける和太鼓の音。雨もまたさらにその強さを増し、太鼓の音をかき消さんばかりの勢いで降り続けている。

――逃げよう。

あまりの事態に現実感を失い、床下から雨の中に飛び出した。獣道に出て振り向くと、否が応でもお堂が目に入り込んでくる。

今度は四方がすべて開け放たれていた。お堂の中には誰もいないどころか太鼓すら無い。

ドドドドドドドドドドドドドドドドドド

背後から、太鼓の音が聞こえた瞬間に走り出した。

どちらへ向かっているものか考えている暇はなく、無我夢中で山中を駆ける。

太鼓の音はどこまでもH君を追ってきた。音に混じって自分の名前を呼ぶ声が聞こえる。

――もう、つかまる。

力尽きてその場に崩れ落ちた、瞬間。

「H！　H！」

自分を呼ぶ声にハッとして、思わず飛び退いた。目の前には何故か父親がいる。

――おおおおおおおおおおおおお

獣のような雄たけびがH君の口から洩れる。

パンッと頬を平手で打たれ、しばらく放心した後で気づいた。

家だった。

辺りを見回す。見間違えるはずもない自宅の庭――そのままH君は昏倒した。

父親によれば、正午過ぎにぼんやりと家に帰ってきたH君は、何事かをしゃべりながら急に玄関の前で小便をし出し、家に上がり込んでしばらくぐったりした後で、急に暴れて外に飛び出した。一連の行動を唖然として見守っていた父親だったが、明らかに様子のおかしい息子を羽交い絞めにし、なんとか落ち着かせようとしていたのだそうだ。

H君は言う。

「あの開けた場所は、山のうちでも人が入っていい場所と、そうでない場所の境界だったんじゃないか。祖父さんは随分と山に慣れていたから、その区別がついていたんだろうね。そこを無理に進んだのが間違いだったんだ」

H君は後日、山に置きっぱなしにしてきた祖父の道具を取りに、父親と一緒に沢を上がった。開けた場所まではたどり着いたものの道具一式はその場になく、さらに、あの日、彼が入っていった獣道も見つけることはできなかった。

「ひとつ気になることがあってね。祖父さんは俺に〝人が入らなければ、この辺でも深山と同じ〟と言ってたんだ。つまり、里に近い山でも、人が手を入れなければ、ああいうワケのわからん魔境になってしまうっていうことなんだろうかと」

以上の話を情感たっぷりに話してくれたH君は、現在四十代の男性である。

今から二十年ほど前の出来事だそうだ。沢の集落もいよいよ過疎化が進み、背後の山だけが存在感を増してきているらしい。

この何年か、夜に時々、近場の山から太鼓の音がするという。

青いジャンパー

春南灯

その日、抜けるような青空に誘われて、あてもなくドライブを楽しんでいた。

目的地が決まっていないと、内陸育ちの私はつい海へ向かってしまう癖がある。

その日は、海岸線を辿って小樽《おたる》に入り、久々にオタモイ遊園地跡に行くことにした。


駐車場へと続く、つづら折りの下り坂へ差し掛かったとき、青空が陰った。どんよりと湿気を帯びた海風が、開いた窓から車内に吹き込む。

幾つめだろう。幾つかのカーブを経た、急カーブの内側に、青いものが見えた。自然色ではない。目の覚めるような鮮やかな青色だ。

ブレーキを踏み、じんわりと車速を抑えながら、一瞬、視線を向けた。

道路に背を向けて、項垂《うなだ》れている男が立っている。

その男の前には、木の枝葉で全体は見えないが、石仏が建っているようだ。

――お参りかな？

そのまま通過し、坂の下の駐車場におりると、二台のパトカーが止まっていた。遊歩道の入り口に、女性がひとり佇んでいる。そわそわしているその様子が気になって、声をかけた。

女性は手を震わせながら、今しがたの出来事を語りだした――。


「物凄い絶景だったよ」

そう、職場の同僚から聞いて、オタモイ遊園地跡に興味を抱いた。

入り口に、立ち入り禁止と書かれた大きな看板があったが、好奇心には勝てなかった。

ゲートの隙間を抜け、断崖絶壁の歩道へと立ち入った。

――どうやって、道を作ったのだろう。

切り立った崖、歩道はかなりの高さにある。少し足を滑らせたら、海へ真っ逆さまだ。

慎重に断崖を進んでゆくと、某アニメ映画に登場しそうな造形の、朱色の唐門が現れた。

門の下は短い隧道であるが、まるで異界に通じていそうな雰囲気だ。

恐る恐る隧道に入ると、地面に転がる拳ほどの瓦礫《がれき》の間に、コーヒーの空き缶とお菓子の空き箱がぽつんと置かれていた。口をつけて間もないのか、缶の縁についたコーヒーはまだ液状であった。

——誰か居るのかな?

隧道の向こうを覗いたが、誰の姿も無い。

様子を見ながら隧道を出て、ふと、何の気なしに断崖の下を覗いた。

青いものが、断崖の下の岩に張り付いている。

一瞬、自分の目にしているものが何か、わからなかった。

「派手な、真っ青なジャンパーだったんです。飛び降りてすぐだったみたい……。もう少し早く行っていれば、止めることができたかも……」

女性は静かに目元を拭った。

青いジャンパーと聞いて、先ほど見た姿がふっ、と頭を過った。

——石仏の前で項垂れていた、青いジャンパーを着た男……。

偶然、だろうか。

すぐにつづら織りの坂を上がったが、男の姿はなかった。

この地には、昭和初期、「オタモイ遊園地」という行楽施設があった。どうやって建てたのか、断崖絶壁に、「龍宮閣」という料亭があり、多くの客で賑わっていたという。しかし、昭和二十七年、龍宮閣は火災により焼失し、現在は、建物の基礎だけが断崖の上にぽつりと残されている。

崖崩れのため、入り口は自治体によって封鎖されているが、歩道の奥には「オタモイ地蔵尊」というお堂があり、堂守の方が先祖代々地蔵堂を守ってこられた。堂守の高齢男性は三代目で、子供の頃からずっとこの地に住んでいるという。

数年前にお会いした時は、ご自身が大切に守っている地へ、人生を終えようとやってくる人がいることを嘆いていた。男性はとても気さくな方で、オタモイ地蔵尊の由来やご利益について、様々なエピソードを交えてたっぷりと語ってくださった。いつかまたお話を伺いたいと思っていたのだが、昨年、亡くなられたという。

堂守さんの愛した地が、景勝地として、信仰の地として、愛され続けることを願ってやまない。

叫び

春南灯

北海道のとある山間の街は、かつて石炭の採掘で栄えていた。
今でも、その遺構《いこう》がいくつも残されている。

ゴールデンウイークが終わり、新緑が芽吹き始めたころ、廃墟探索と撮影を趣味としている光博さんは、ひとりで某炭鉱跡を訪れた。そこは、さほど山深い場所でもなく、一人でも探索しやすいと友人から聞いている。橋の袂に車を停め、泥濘につついた複数の野生動物の足跡を確認しながら歩をすすめた。

急な斜面を登ると、谷の間に獣道がついていた。無数についたエゾシカの足跡を辿ると、坑内で使用されていた重機の一部や、碍子《がいし》、錆びたパイプが無造作に転がっていた。谷の両側には、コンクリートで閉じられた坑口が並んでいる。

それらを写真に収めながら、ゆっくりとした足取りで、先へ進んだ。

「おーーーい！　おーーーーい！」

くぐもった、男の叫びが聞こえる。

振り返ったが、誰の姿も無い。

なんとなく、その叫びは、右側の斜面から聞こえるようだ。

ゆっくりと来た道を戻る、どんどんと声に近づいた。

閉じられた、坑口からだ。コンクリートの向こうから聞こえる。確実に。

慌てて、コンクリートに耳をあてた。

「まだおるぞ、おーい！　おーーい！　おるぞ！」

その叫びのあとで、歓声にも似た声がドッと湧いた。

――どこからか入って、閉じ込められちゃった探索者か？

「いま、呼びます。誰か、助けを！」

「おおー、おおー！」

コンクリートの向こうから、とめどなく歓声が聞こえる。

スマホから緊急通報をし、現在地を告げた途端、ぴたりと声が止んだ。

静かな山の静寂、鳥の囀《さえず》りだけが谷に響いている。

駆け付けた警察官は、訝し気に辺りを確認したが、他に坑道への入り口はなく、コンクリートの向こうから、再び叫び声が聞こえてくることはなかった。

その炭鉱ではかつて、坑内で爆発事故が発生し、多くの方が命を落とした。そしてその亡骸《なきがら》は現在も地中奥深に取り残されている――。

後日、その事実を知った光博さんは、生花を手に、再びその地を訪れた。手を合わせていると、ふわりと煙草の匂いが漂った。

「あんがとな」

クシャっと、頭を撫でられた感触があったが、見渡すかぎり誰もいない。

車に戻ってバックミラーを覗くと、ワックスで整えていた頭のてっぺん辺りがクシャクシャになっていた。

望岳台

春南灯

旭川《あさひかわ》市に住む里奈さんは、美瑛《びえい》の丘巡りの帰り道、十勝岳望岳台《とかちだけぼうがくだい》からの夕陽を眺めたくなって、ふらりと立ち寄った。

望岳台は、十勝岳のほぼ中腹にある。十勝岳本峰を真下から見上げることができ、眼下には麓の街が広がる。車を停め、望岳台へ至る道は、観光用に整備されているとはいえ未舗装である。ところどころ拳ほどの火山岩や、細かい火山礫が転がっている。しっかり見て歩かないと、うっかり足をとられてしまいそうだ。注意深く、一歩一歩歩をすすめた。

——カツン、カツン、カツン、カツン……。

軽く、何かを叩く音とともに、足音が近づいてくる。

それは、すぐ背後でぴたりと止まった。

——邪魔だったかな？

サッと左に避け、「すみません」と振り返った。

色白の福々しい下膨れの老婆が、柔和な笑みを湛えて立っていた。その傍らでは、白い杖を手にした四十がらみの女性が、杖を左右に動かしている。杖先が、散らばっている火山岩に当たる度に、カツン、カツン、と音を立てていた。真っ白なハイヒールの上で、黒いワンピースの裾がひらひらと揺れている。

——ああ、この音だったのか……。白杖ということは、目が見えづらいのかな。

それにしても、この足場の悪い中を、数十メートルも上がってきたなんて……。ジロジロ見てはいけないと思いつつ、つい視線を注いでしまう。

「あんたもかい？」

視線に気づいたのか、老婆がこちらを一瞥し、山の頂を指した。

太陽は西の山の上、真っ赤な夕焼けの空が眩しい。しかし、山の頂の向こうには群青の闇が広がり、どんどんと夜が近づいている。

「え、これから登るんですか？」

老婆は、こくんと頷いて、女性の左手を引いた。

女性は、右手で杖を操りながら、老婆に連れられて歩き出した。

――こんな格好で、夜の山に向かうなんて……。

里菜さんは、登山をした事がない。それでも、この状況は危険だということくらいはわかる。

――止めなきゃ。

声を掛けようとした。だが、今、そこに、数歩先にいた二人がいない。

――え?

どうやって移動したのだろうか、僅か数秒の間に、二人の後姿が小さくなっていた。

まるで山肌にエスカレーターがついているかのようだ。

二人は、するすると滑らかに山肌を上がり、頂を覆う夜の闇に消えた。

禁車

鈴木 捧

カナイさんの趣味は寺社仏閣巡りだ。

といっても、その内実は一般的なそれとはやや異なっている。

「地方の山の中に行くとさ、あるんだよね。もう管理もされてなくて、朽ちて自然に還りかけてるような物件がさ」

半ば廃屋と化したような寺社にこそ美しさを感じる、ということらしい。

カナイさんは数年前の春、そんな趣味の一環として山梨のある神社を見に行った際に奇妙な体験をした。

そのときのことを語って聞かせてくれた。

その神社っていうのは、カーナビに入れても出てこないんだけどね。まあ、それ自体はよくあることだからさ。いつもどおり、携帯のナビと合わせて、座標でなんとなく位置を入力してね。現地で走りながら様子見てでも、なんとか辿り着くだろうと思ったんだ。そしたら凄い山の中でさ。カーブだらけの峠道を登ってくんだけど、そこで少し困ったことになったんだよね。カーナビは目的地に着いたって言うんだけど、神社なんか見当たらないんだ。入っていけるような脇道もない。なんで、少し先の路肩にちょっと車停めて、改めて場所確認してから戻ってみた。そこで、あっ、て思ったんだよ。よく見るとうっすらと山の中に続く獣道みたいなものが見えたんだな。草が茂ってて見えにくくなってたんだ。

地図の位置的にはそこから入るのが正解に思える。ただ、どう見たって車は入れない。だからさっきの路肩に車を置かせてもらって、歩くことにしたんだ。下って十分そこらだった。さっき見た茂みの道を入ると、すぐに神社が見えた。思った通りの……いや、思った以上の優良物件だったな。木板を適当に組み合わせた掘っ建て小屋みたいなところに、注連縄《しめなわ》と賽銭箱だけ飾られててね。屋根だけ立派な瓦屋根で、下が潰されそうになってた。

それと、裏手にご神木のカツラの木があるんだよね。カツラの木って分かる？　はじめは普通の木と同じように大きな主幹があるんだけど、年月を経るとそれが折れて、まわりの若枝——ひこばえのほうが大きくなっていく。ちょうどエノキダケの株みたいな、あああいう見た目になるんだよ、最終的には。で、その神木のカツラというのはそんな時期も過ぎ去っていてさ。ひこばえがそれぞれ太い幹になって、束になって四方八方に広がってた。古い幹は表面が苔に覆われてて……あれじゃ相当な樹齢のはずだ。半世紀近いものかもな。

ああ、ごめん、これは全然本題じゃなくて。

神社をひとしきり見て、じゃあ戻ろうとなったときに、奥に斜面を登る細い道を見つけたんだよ。

駐車場所からそこまで、大きくカーブする道路を歩いてきてたから、この道が通じてればショートカットできると思った。

もし繋がってないとしても、道路からはそんなに離れてない。ちょっと藪漕ぎすればいい。

そう思ってその道に入っていったんだ。

蜘蛛の巣を払いながら雑木林の斜面を登っていって、不思議なところに出た。

平坦で、木がまばらなちょっとした広場……広場って言っても家が一軒、二軒くらいの大きさなんだけどね。そばを通る道路側のへりにはトラックの荷台みたいなコンテナが確か三つ、無造作に並べられてて、うまいこと道路から見えなくなってた。コンテナも錆びだらけで崩壊しかけてて、だいぶ昔からあのまんまの状態だったんだろうね。で、その広場に、廃車が何台も放置されてるんだよ。何台も、っていうのは、斜面に落ちかけてるようなところにもあったから、正確に全部の台数は分からないって意味だけど。

どれもボロボロの廃車なんだ。タイヤやドアが外されてたり、ボディの半分がなくて内部構造が露出してたりね。ひどいのは中にゴミが詰め込まれてたりとか。雑木の状態からして車が乗り入れられそうなところじゃないから、木が育つ前に持ってこられたものなんじゃないかな。車の見た目もちょっと今じゃあり得ないなってものが多かった。カウンタックみたいな薄っぺらい直線的なデザインのスポーツカーとか、羊羹型のワゴンとかね。いかにも前時代的なやつばっかりだった。

その広場の隅のほうに、細い木の密集で半ば覆い隠されてるような車があったんだ。セダンタイプで、白いボディに黄色や赤のラインが入ってる、なんてところがいかにも古臭い車だった。タイヤが外されてるのもあって、車高が随分低く見えたな。なぜだかその車に目がいった。それで、車の後ろの方から近づいて、ちょっとぎょっとした。トランクのあたりに黒いスプレーで落書きしてあったんだ。禁車、って書いてあった。

後部座席側の窓は汚れでスモークみたいになっちゃってて、中は見えない。だから前に回って車内の様子を見た。前の窓、フロントと助手席側は割れてたから。

運転席の黒い革張りシートに、ガムテープで紙が貼ってあった。経年劣化なのか藁半紙みたいな紙質なのか、緑がかった灰色の紙に、禁乗車、って書いてあった。マジックの、一番太いやつあるじゃない、あれで何回もなぞったみたいな字でね。

意味が分からなかった。こんな放置されてるだけの廃車に誰も乗らないし、そもそもまわりが木で囲まれちゃってて、乗り込むのだって簡単にはいきそうにない。

どういう事？

そう思いながら車内を覗きこんでて、ゾッとした。

運転席の後ろ、暗い後部座席の方から、何かが覗いてた。どう言えばいいんだろう。寝袋サイズの白い布袋に、何かが入ってるって感じ。それもボロボロに汚れて、カビなのかなんなのか、青や茶色の汚れにまみれてて……その表面の凹凸とか見てて、本当に嫌な想像なんだけど、人が入ってるような感じがしてさ。それが後部座席からずり落ちてもたれかかってるような姿勢で、斜めに寝てるわけ。なぜだかそれから目が離せなくて、しばらく見ちゃってたんだ、気づかないうちに。

そしたらね。

その袋の、寝袋に喩えるなら頭にあたる部分、ちょうど口のあたり、放射状に広がってる緑色のしみが、ふうぅ、ふうぅって動いたの。

へこんで、ふくらんで、へこんで、ふくらんで……深く呼吸するみたいに。

それ見て、さすがに声をあげそうになった。それで息を呑んだところで……、どう言えばいいのかな、パッと映像のカットが変わるような感じがした。白昼夢を見てたのがぶっつり途切れたような感じ。それで布袋を改めて見てみたら……やっぱりただのゴミだったんだよね。拍子抜けするくらい。ほつれたところから、ボロ布の切れ端とかプラスチックの容器の角が出てたりしてさ。

でもやっぱり不気味な感じはして、すぐにその場を離れたよ。

仮に本当に袋が動いたんだとしても、いま思えば、正面から吹いた風が当たっただけじゃないかって気もするんだけど。

うん、それだけの話。ちょっと走って斜面を登ったら、車を停めといた場所には辿り着けた。全身、蜘蛛の巣だらけになったけどね。

それからあの道は通ってないから分からないけど、もしかしたらあの車、まだあるんじゃないかな。

S避難小屋

鈴木 捧

山小屋には、「営業小屋」と「避難小屋」の二種類がある。

ごく簡単にいえば、「小屋番」、つまりスタッフのいる小屋が「営業小屋」で、無人の小屋が「避難小屋」ということになる。字面から持たれるようなイメージと違って、避難小屋は緊急時でなくても泊まりの山行のなかで普通に使用される。

ただ、その場合には当然、食事や寝床は登山者自ら用意する必要がある。そんな手間から、登山者によってテント泊にステップアップする前の練習場としてよく使われる。その他にも、野営が禁止されている山域では避難小屋が宿泊場所として用意されている場合がある。

さて、ここで紹介する話は、ベテラン登山者のウツノミヤさんが岐阜のある避難小屋を利用した際に体験した出来事である。

季節は晩秋だ。

山ではもう雪がちらつくこともあり、下界より一足先に冬が始まろうとしている。日が沈むとすぐに気温が下がり始め、吐く息が白くなった。

避難小屋に暖房設備などは当然ないから、持っている限りの防寒装備を身に着ける。夕食を終えるとすることもない。寝る準備を済ませてしまえば手持ち無沙汰になる。

四人パーティーで来ていたのでしばらく酒をちびちびやりながら話をして、二十一時前になった。

明日も早いしもう寝ようということになり、誰からともなく寝袋に潜り込む。

ウツノミヤさんは少し催したので、用足しに一人で外に出た。

風が強い。一瞬で顔が痛み始めるほどの冷たさだ。見れば、ヘッドライトの明かりにちらちらと雪が光っている気がする。

天気予報は明日一日晴れの予報だったけど、本当に大丈夫だろうか。

不安に思いつつ、用足しする。

済んだところで、ふっと風が止んで周囲が静かになった。その中に、微かに、サッ、サッ、という音が混じる。

音はこちらに近づいてくるようだ。近くなるにつれ何の音かが分かった。足音だ。少し足を引きずるように歩いている。

そちらの方にヘッドライトの明かりだけ向けて息を潜める。明かりは前方のわずかな空間を照らすのみだ。その奥には粘土の高い闇がわだかまっている。

音は少しずつ近づいてくる。それから間もなく、背の高いシルエットが見えたかと思うと、視界の中で人の形をとった。

ああ、良かった、着いた、助かった、歩いてきた男は膝に手をつき、荒い息を吐きながらそう繰り返した。

ただごとではない様子を感じて、小屋はこっちだから、と腕をつかんで先導してやる。中に入ると、パーティーの仲間たちも驚いた様子だ。

少ない明かりで照らすだけでも、男の顔に氷が貼りついているのが見てとれた。ここは風が通りにくい立地だからまだマシな状況で、稜線上はずっと天候が荒れているのだろう。男はきっとそこを歩いてきたのだ。

それにしても、と思った。

男はヘッドライトを持っていない様子だった。明かりなしで夜の山を歩いてこられるものだろうか。今晩は上空に雲もある。

気にはなったが、今訊くことでもないだろうと思った。

男はよほど疲れていたのか、着替えて寝袋に包まるとすぐに寝入ってしまった。


真夜中、ふと目が覚めた。腕時計を見ると午前二時の少し前を指している。まだ二時間以上寝ている余裕がある。

また眠ろうと思ったところで、妙な胸騒ぎがした。小屋の中がやけに静かだ。

いや、皆寝静まっている時間なのだから、静かなのは当たり前だ。でも、何かがおかしい。

避難小屋の、通路を挟んだ反対側のスペース。そこだけ空気が静けさが一段深いような気がする。

その場所にはあの男が眠っていたはずだ。

そこまで考えて、はっとする。

ヘッドライトをつけて、男の方に駆け寄る。男はこちらに背を向ける形で横になっている。

その後ろ姿にある程度近づいたところで、分かってしまった。

男はもう息をしていなかった。

と、そこで目が覚めた。

周囲ではもう仲間たちが寝袋から半身を起こしている。

おはよう、と挨拶される。

目の前の現実がうまく呑み込めない。

先ほどのは夢だったのだろうか。だとして、いつから夢だった？　それに内容もやけに生々しく、感覚の余韻が残っているような気すらする。気持ちを切り替えようとしたが、山小屋内の様子にどこか違和感がある。周囲を見渡していて気がついた。

四人パーティーで泊まるには広すぎるくらいの小屋だ。それぞれがスペースを広く使えばいいのに、ウツノミヤさんから通路を挟んで向かいのスペースだけがぽっかりと空いていた。

ウツノミヤさんは、思い切って仲間たちに訊いた。

「夜、誰か来なかった？」

変なこと言うな、と笑い飛ばしてほしかったが、仲間たちはウツノミヤさんの顔をじっと見る。

その一人が言った。

「もしかして、お前も？」

話を聞いてみると、皆が同じ夢を見ていたということが分かった。

こうなると、本当に夢だったのか分からなくなってくる。とはいえ、男がいたという痕跡はどこにもない。強いて言えばぽっかりと空いた一人分のスペースだけだ。

どこか釈然としない気持ちはあったが、結局日の出の少し前に山小屋を後にして、その日の夕方には下山した。


このときウツノミヤさんたちが利用したS避難小屋で身元不明の遺体が見つかったのは、

それから八年が経ったあとのことだ。

その遺体の身元は現在でも分かっていない。

S避難小屋は周囲の地盤がもろく、崩壊の危険が大きくなってきたため、現在は立ち入り禁止になっており使用できない。

ただ、ほど近いところにはU避難小屋がある。ここには遭難者の遺体を一時収容する目的で使用されていた過去があり、幽霊小屋としてよく知られている。

U避難小屋のほうであれば、今でも宿泊利用することができる。

天狗銭

鈴木 捧

山中の渓流などにあって、土砂災害を防ぐ目的で作られた堰のことを堰堤という。コンクリートのものや木製のもの、石を金網で固めたようなものなど、つくりは様々だが、いずれも見ればすぐにそれと分かる。

上流にいくと自然流れは細くなるからこういったものはなくなるが、下流の川幅が広いところでは多く見られる。沢伝いに登っていくような登山ルートを歩くと、はじめのうちはこの堰堤を幾つも越えて進んでいくような道が少なくない。そういうところでは堰堤に梯子や階段が設けられていたり、脇の斜面を高巻きする登山道がついていたりする。

登山中に自然の風景の中に鎮座する大規模な人工物を目にするのは、正直なところ興を削がれる面もある。しかしこうした設備は麓に住む人々の安全のためになくてはならないものだ。

もう二十年以上前だというが、アサダさんは山梨県内のある山を登っていたときに奇妙なものを見た。

季節は秋、時間は日が昇って間もない早朝だ。駐車場からしばらく林道を歩き、ちょっとした雑木林を抜けると、川沿いに景色が開けた。川幅は十メートル程度はあるように見え、石の転がる広い河原の縁に森林と岩壁が続く広い谷の地形となっている。上流に向けて一定間隔でコンクリート製の大きな堰堤が設置されており、登山道はしばらくはその脇を迂回しながら続いているようだ。

自然の中で堰堤の存在感は大きく、景色としてはあまり面白いものではない。早く切り抜けようと思いながら、二つ、三つと堰堤を越えていく。そうやって進んだ先に一際大きな堰堤が現れた。高さ七、八メートルはあり、中心を滝のように水が流れ落ちている。

周囲を見渡すと、堰堤のかなり手前のところで、脇の斜面に登山道を示す目印の赤いテープがつけられていた。そこから上に回り込めるようだ。木に括りつけられたロープで斜面に取りつき、踏み跡を辿って木々の合間を抜けていく。しばらく進むと登山道はまた河原に戻る。斜面から河原に下りたところで、急に岩陰から男が現れた。距離にして一・

五メートルほど、すぐ近くだったので驚いて反応が遅れる。

「お、おはようございます」

辛うじてそう挨拶するものの、相手は立ち止まることもなく通り過ぎていく。アサダさんの挨拶に反応して何か一言二言喋ったようだったが、日本語ではないような奇妙なイントネーションで、何を言ったかは分からなかった。

振り返ってその後ろ姿を見送りながら、妙だなと思う。やけに装備が古くさいのだ。ウエストベルトもチェストベルトもないずんぐりしたバックパック。かさばる鍔広の帽子。野暮ったい厚手のグレーのシャツは登山に不向きな綿素材に見える。極めつけは裾をハイソックスで締めた膝丈のズボンである。ニッカボッカなどと呼ばれる、昭和の登山者に好んで使われたものだ。

思えばこの時間に上流側からやってきたというのも変だった。まだ早朝で、登頂して戻ってくるような時間では全くない。山頂付近で宿泊して戻ってきたのだとしても早すぎる。どういうことなのだろうと考えながらその背中を見ていて、あっ、と思った。登山者はアサダさんの歩いてきた斜面の巻き道に入らず、河原を堰堤の方へまっすぐ向かっていく。足元が見えていないのか、直進し続け、堰堤の縁に足が掛かったかと思うと、そのまま姿が消える。

落ちた。

嘘だろう、どうしようと思いながら堰堤に駆け寄る。腹這いになって、恐る恐る下を覗き込む。

見下ろすと、先ほどの男が何事もなかったかのように立っている。そのまままた歩き始める。

どういうことだ。

わけが分からず、離れていく男の背中を見送る。と、三十メートルほど進んだところで男が振り向いた。こちらをじっと見ている。

距離があって表情はうまく読み取れないが、笑っているような気がした。男はふいに左手を振り上げると、袈裟懸けに指揮棒を振るような形に動かした。

それから前に向き直って、去っていった。

釈然としないままだったが、昼過ぎには無事に山頂を踏んで、日が沈む前に駐車場に戻ってきた。

飲むものでも買おうと思って財布を取り出して、えっ、と思った。財布がやけに重い。小銭ポケットを開けると、じゃらじゃらと硬貨が擦れ合う。もともと入っていたものより明らかに中身が増えていた。

手のひらに何枚かを出してみて、ぎょっとした。

見たことのない硬貨が数枚混じっている。といっても、外国の硬貨とか、そういうわけでもない。強いていうなら「小銭の偽物」だった。

雲間から覗く太陽の図像が彫られた銀の硬貨には漢数字で「七円」と刻まれている。黒い五円玉があると思ってよく見ると、そこには「五円」でなく「五田」とある。中心に「0」と彫られた「ゼロ円硬貨」もある。はっきりしない記憶だが、発行年が「令和元年」と刻印された硬貨もあったような気がするそうだ。アサダさんがこの奇妙な体験をされたのは平成初期の頃である。

捨てるわけにもいかないので、アサダさんはその「小銭の偽物」を持ち帰ってひとつの封筒にまとめ、登山道具入れのタンスの奥にしまっていた。それから数年してタンスを整理すると、いつの間にか封筒は中身ごとなくなっていたという。

それからもうひとつ、あの日歩いた登山道を地図で詳しく調べてみるとほど近いところに「天狗」由来の地名を見つけたが、さすがにあまりにも荒唐無稽なのでそれについては無関係だと思っているそうだ。

喘鳴

春南 灯

温泉巡りが趣味の春香さんは、温泉宿に格安で宿泊できる閑散期を狙って、全国各地の温泉を巡っていた。

数年前の晩夏、北海道大雪山黒岳《だいせつざんくろだけ》の麓に位置する峡谷・層雲峡《そううんきょう》にある温泉街を訪れた。道を挟むように聳《そび》える、柱状節理の壁の迫力に、これが自然に創られたものと思うと、神秘的な印象を受けた。

正午に宿へ入り、早速大浴場へと向かった。さらりと心地の良い湯につい長湯してしまった。温まりすぎた身体を冷まそうと、廊下で立ち話をしていた従業員に、この辺りで散策できる場所はあるか尋ねた。

「紅葉はまだですけど、紅葉谷《もみじだに》がおすすめですよ。スニーカーであれば歩ける道ですし、一番奥まで行けば滝があります。今からでも、暗くなる前に帰ってこれるかと」とにこやかに教えてくれた。

――紅葉谷、か。行ってみようかな。

教わった道を進み、遊歩道の入り口に着いた。

枝葉の緑のアーチがエントランスのようだ。

たった数歩、その地に足を踏み入れると、一気に山の匂いに包まれた。

堆積した腐葉土と、それを栄養とする微生物から湧き上がっているのであろう山の匂いと、緑の青々とした香りが心地好い。

人の手は加わっているものの、未舗装の道の両側には笹が茂り、見渡す限り緑の海だ。

谷を流れる川からの、ひんやりと湿気を帯びた空気が、火照《ほて》った肌に心地よい。ザアザアと流れる水音を楽しみながら、奥へ奥へと進んだ。十分ほど歩いただろうか、ゆるやかな上り坂と聞いていたが、ところどころ急で、道幅も入り口に比べて狭くなってきた。獣道のように、人ひとり通るのがやっとという箇所もある。慎重に歩を進めると、道の奥から、轟々《ごうごう》と水音が聞こえてきた。

――そろそろ滝かな。

やや急な斜面をよいしょとあがる。数十歩先、先の道の真ん中に大柄な男が座り込んでいた。

白い浴衣のようなものを着ているその肩は、少し離れていてもわかるくらい、大きく上下している。

「大丈夫ですか？」、タタっと駆けて、声を掛けた。

無精ひげを生やした、中年の男だ。胸に手をあて、ぜぇぜぇと喘鳴《ぜんめい》をあげながら肩で呼吸をしている。かなり苦しいのか、指先に力が込められ、いまにも胸に食い込まんばかりだ。

胡坐をかき、着物の裾が割れている。その間から左足が覗いている。

――あれ、右足がない？

「あの、大丈夫ですか？」

呼びかけに返答はない。だが、この苦しみようは、何か発作でも起こしているに違いない。助けを呼ぼうとスマホを手にしたが、圏外の二文字が表示されていた。

「人を呼んできます！」男に声を掛けた。

ふっ、と男が顔をあげて、くるりとこちらを見た。

両目を見開き、驚いたような表情を浮かべている。

その両眼は、インクを流し込んだように白く濁っていた。

「あ、あの……人を……人を……」

うまく言葉が出ない。

「はぁー」

おろおろする様を前に、男が呆れたようにため息をついた。

少しの間をおいて、血なまぐさい臭いが鼻をつく。

「たい……が……とんだ……だよ」

男が、途切れ途切れに濁った声で呟く。

「あ、あの……」

なんとか話そうとするが、掛ける言葉が見つからない。

「や…か…まし……い」

――え？　やかましい？　私、うるさい？

男は拗ねたようにぷいっと顔を逸らし、身体を捩って向きを変え、入り口へ向かってずるずると這い出した。

その背が、どんどん薄くなる。

三つ、たった三つ瞬きをする間に、男は緑のなかに溶けてしまった。

奥の滝までは行かず、遊歩道の入り口まで戻ると、来るときには気付かなかった建物の跡に気が付いた。一部舗装されたアスファルトの上に、「患者用」とペンキで書かれている。調べてみると、ここにはかつて旭川の某病院の分院があったことがわかった。

その分院となる前、そこは旧陸軍の療養所であった。敷地内に、それを示す標も建っている。戦地で負傷した兵士や、肺病を患った兵士が療養していたという。特に、戦時中に於いては、医療物資が乏しく、この地で最期を迎えた者が多くいたと伝え聞いている。

珊瑚のかけら

小原猛

里谷ハジメさんは五十五歳で勤務していた会社を退職した。別に会社が嫌だったわけではない。退職する一年前に三十五年連れ添った妻のフミコさんを突然失ってしまったのが大きな理由であった。

亡くなる約一年前に、二人は奄美大島《あまみおおしま》の下にある加計呂麻島《かけろまじま》に旅行に行った。美しい海岸線と古い集落が渾然一体となった素晴らしい景色に胸を打たれた。

「ねえ、知ってますか。この島って映画の寅さんのロケ地だったそうよ」とフミコさんがいった。

「へええ、初耳だ。あれかい、テレビ版で寅さんがハブに噛まれて死んじゃう回のこと?」

「違うの。渥美清さんはこれを撮影した時にはもうガンが身体中に転移してて、動ける状態ではなかったんだって。ねえ、帰ってからビデオ借りましょ。渥美清さん、撮影中もほとんど動けないから座ってたんだって。民宿の人がいってたわよ」

「寅さんも病気には勝てなかったんだね」

二人はそんな会話をした。それから記念にと、近くの浜で珊瑚の小さなかけらをいくつも拾った。

「そんなに拾ってどうすんだい。どうせお前、庭に捨てちまうんだろ?」

「そんなこと、わたくしがいつしました?」

いつも通りの会話だった。里谷さんは早く家に帰って寅さんの映画をみたくてたまらなくなった。加計呂麻の浜の夕陽は神々しく輝いていた。

加計呂麻での最後の夜のこと。

「あなた、疲れた?」

寝る前にフミコさんがいった。

「いや別に」

「わたくし、ちょっとめまいがしますので今日は早く寝ますね」

「ああ、お疲れさん」

「ご苦労様でした。おやすみ」

それが最後の会話になった。

次の朝、フミコさんの瞼は二度と開かなかった。最初は眠っているものだと高を括っていたが、何度呼びかけても返事がない。今度は揺すってみたが、その時に首筋に里谷さんの指が触れた。

それは生きている人間の温かさではなかった。まるで真冬の地面のような冷たさだった。フミコさんは静かに亡くなっていた。その後、奄美大島の医者は、彼女は眠っている間に心不全で亡くなったようです。多分苦しみはなかったようですね、と里谷さんに告げた。

その後、亡骸《なきがら》は奄美大島で荼毘に付され、警察、役所などの手続きがあった。そのため里谷さんも約一カ月奄美大島に滞在することになった。

その後関西の家に里谷さんは一人で帰ってきた。彼は大切な人生の半分を失ってしまったのを感じた。フミコさんが大事に育てていたベゴニアなどの鉢植えは、すべて枯れてしまっていた。

それを見て里谷さんは泣くしかなかった。もう以前のような心が安らぐ家ではなかった。失われたものはもう二度と戻ってこない。家の中を隙間風が吹いていた。里谷さんの手元にはフミコさんの遺骨と、加計呂麻で拾った珊瑚のかけらしか残っていなかった。里谷さんはそれからすぐに会社を辞めた。

里谷さんはしばらく家で無気力に過ごしていた。だがこのままではよくないと感じ、ある日家から近い愛宕山に登ってみた。

多少気分が晴れる気がしたのと、山登りしている間は、雑念というか、ネガティブな想いが生まれないだろうと思ったからだ。

愛宕山《あたごやま》の山頂に着くと、何気なくポケットに手を突っ込んだ。そこには加計呂麻で拾った珊瑚のかけらの一つがまだ入っていた。

あの時妻と拾ったやつだと里谷さんは思った。あいつはさよならもいわずに去っていった。知らない間に二人の生活は消えてなくなってしまった。いきなり二人で階段を登っていたら、足元の階段がすべて消えてしまった。

里谷さんは夕暮れが来る前に下山しようと立ち上がり、ポケットの中の珊瑚のかけらをただなんとなく、愛宕山の山頂にポツンと置いた。

西の空から黄金色の夕日が差し込み、里谷さんを照らし出した。

「そうか、こうして欲しいんだな」

里谷さんはそう呟いた。なぜかフミコさんがそうして欲しがっているような気がしたからだ。

「拾ってきた珊瑚、全部山の上に置いてくればいいんだな？」

無論返事はなかったが、里谷さんはそうすることにした。

まず近隣の山々から始めた。琵琶湖《びわこ》バレイに登った時は、疲れているのもあって、途中までゴンドラに乗った。そしてベゴニア園で妻の好きだったベゴニアを買い求めた。もちろんその時も珊瑚のかけらはちゃんと置いてきた。ちょうど霧のかかり始めた、ベゴニア園から少し離れた道のそばだった。里谷さんと奥さんはよくこの辺りで座って、お茶を飲みながら話をしたものだった。

「お前が生きていたらなあ」

里谷さんは誰もいない空中に言葉を投げかけた。

「寂しくて死にそうだよ。もう生きていくのにも疲れた」

そう呟くと一人肩を落とした。霧はだんだん濃くなっていった。

そのまま座っていると、霧の中から誰かが歩いてくるのが見えた。妻のフミコさんだった。山登りの時にいつも着ていた赤のチェック柄のシャツを着ている。里谷さんは全身が金縛りになって動くことが出来なかった。

フミコさんは何も言わずに目の前を通り過ぎて、霧の中に消えた。その瞬間、里谷さんは目を覚まして顔を上げた。

夢か現実か分からなかった。名前を呼んだが、返事はなかった。霧はやがて消えていった。

帰り際、ゴンドラの係員が帰る人々に対してこんな言葉をいっていた。

「お疲れ様でした！」

ところが里谷さんの番になると、こんなことをいった。

「お二人、ご苦労様でした！」

どう考えてもそこには里谷さんしかいない。

「お前、そこにいるのか？」

里谷さんは向かいのゴンドラの椅子に向かって尋ねた。返事はなかった。


それから近畿圏の山はほとんど回った。七月になると富士山にも登った。生駒山《いこまさん》では珊瑚を置いた後、再び妻が現れてくれないかとギリギリ日没まで粘ったが現れてはくれなかった。京都の岩田山《いわたやま》では、珊瑚を突き出た岩の上に置いたところ、餌と勘違いした猿に奪われる一幕もあった。

そしてこんなことがあった。

その日は奈良のホテルに宿泊して、吉野山《よしのやま》に登ることにした。吉野山に登るのは初めてだった。桜の季節はすでに終わった頃で、朝から自家用車で駅まで向かい、そこからロープウェイに乗った。

「フミコ、珊瑚がもうない」

里谷さんは窓外の飛び去る風景を見ながら小さく呟いた。

「なくなったら、もうそっちに行くことにするよ」

やがてロープウェイは下千本《しもせんぼん》駅まで到着し、その辺りをぶらぶらしていると、なんだか変な気分に襲われた。

「ここじゃありません」

そう、フミコさんがいっているような気がした。

「え？　じゃあどこに行けばいいんだ？」

口に出してみても答えはない。しかしソワソワした気分は一向に晴れる気配はない。仕方ないのでそこから戻ることにした。昼前には車の中でうなだれていた。

「どこへも行けなかった。もう、死ねばいいってことか？」

精神的なイライラはつのるばかり。仕方なく車を走らせて、林道の中をドライブした。やがて車一台を道路側に停められる場所に着いた。すると妻がこういっているような気がした。

「降りましょう」

仕方なく車を降りた。そして水やお菓子などが詰まったリュックを背負って、なぜか林道の中を歩き出した。

しばらく歩くと林道からそれて山道へ通じる細い獣道があった。誰も知らない場所に行きたいと里谷さんは思った。まるで道の先に亡き妻が待っているような気がしてきた。そのまま獣道を進んで藪の中に入っていった。

「左に進んで」と声がしたような感じがした。そのまま進むと誰かの声がした。

「助けて下さい」と声は嘆願していた。森の中、崖の下の方に初老の男女が倒れていた。

「大丈夫ですか?」と里谷さんは聞いた。

「足が折れちまったんだ。踏み外してしまった。二人とも動けない」

「わかった。戻って助けを呼んでくる。今から私のリュックを投げるから、この中にお菓子とか水が入ってるから、飲んどけ」

そういって里谷さんは自分のリュックを投げた。

「ありがとう。さっきの人は？」

初老の男性がたずねた。

「誰かいたのか？」

「チェックのシャツを着た女性。助けを呼んでくるっていってた。五十代くらいの人だよ」

チェックの女性？　そんなものはいなかった。

「それは多分、死んだうちの妻だよ。あんたたちを助けるために、わしをここに呼んだに違いない」

冗談のつもりで里谷さんはいったのだが、崖下の二人は神妙な顔つきだった。

里谷さんはそのまま車に向かい、一番近い民家から警察に電話をして助けを求めた。

その日のうちに二人は助け出され、里谷さんも警察署に向かい、発見した状況などを詳しく話した。

「一つ確認しますが、一人でこちらに来られたと？」と警察官が聞いた。

「はい、そうですよ。私は妻を病気で亡くしました。一人もんです」

「ええと、助けられた二人は、あなたが助けに来る前に、チェック柄のシャツを着た女性が来たと消防にいっているんですけど、これは心当たりあります?」

「うちの亡くなった家内でしょう」

「はい? 亡くなってますよねえ?」

「冗談です。心当たりないですねえ」

「ああ、そうですか」

担当者は何か聞きたげに里谷さんを見たが、それ以上何も聞かなかった。

「ご苦労様でした」と帰り際警察官はいった。

後日その担当者から再び電話がかかってきた。

「あの、すいませんけどね。助かった二人の方と、あなたの証言が若干食い違うというか、些細なことなんですけどね。あのお二人によると、チェック柄の五十代の女性が確かにいたそうなんです。でね、彼らはその女性と会話をしてはるんですよ。それによると、今うちの夫が私を迎えに来るから呼んできますと。それで、うちの夫とこの前奄美大島の下にある加計呂麻島やったかな、なんかそんな島に行って非常に楽しかったと。だからあなたたちも頑張ってください。希望は捨てないで、みたいなことをいったそうなんですが、これはなんか心当たりはありますか?」

里谷さんは電話口で何かいいそうになるのを必死に堪えた。

「あと、なんか映画の寅さんの話とか、あとで夫が来たら『ご苦労様でした』と伝えて下さい、とか伝言をお願いしたらしいんですが、その伝言の相手とかにも、里谷さんは心当たりないんですよね？」

若干の沈黙のあと、里谷さんは平然を必死に保ちながらこう答えた。

「知りませんのですわ。すいません」

そういって電話を切った。

それから一人で咽《むせ》び泣いた。

フミコはどうしてあの二人には姿を現して、自分には見せてくれないんだ。ひどいじゃないか。三十五年も一緒に寄り添ったのに。里谷さんはその夜に心を決めた。加計呂麻にもう一度いって、そこで死のうと。

そして三日後、里谷さんは加計呂麻島にいた。民宿の主人夫婦はもちろん里谷さん夫婦のことを覚えていた。そんな優しさに触れて、里谷さんはフミコさんが亡くなってからのことを主人夫婦に話して聞かせた。すると奥さんがこういった。

「里谷さん。珊瑚を置いてきたのはすごい意味があるわよ。こっちの人もマブリといって、魂が抜け落ちると、代わりに石とか珊瑚にそれを込めたり、願をかけたりするの。きっと奥さんも一緒に山々を回っていたんでしょう。本当によかったね」

彼女は里谷さんの両手を握り、一緒に泣いてくれた。

その夜、主人から一本のＤＶＤを渡された。

「これ、フミコさんが見たいといってたのだけれど、貸しそびれた。見るか？」

それは『男はつらいよ　寅次郎紅の花』だった。里谷さんは寝る前に部屋でそれを観た。そこに映し出された渥美清さんは明らかに元気がなく、観ていると悲しくなってくるほど弱っていた。フミコさんが生前いったように、癌のせいでほとんど歩かなかった。そして最後の最後に画面の中からこういった。

「ご苦労様でした」

それは寅さん＝渥美清さんの最後の言葉だった。いや、フミコさんの最後の言葉でもあった。日常生活においても、何度も耳にした言葉だった。たぶん、ずっとフミコはそばにいてくれたのだろう、と里谷さんは思った。たぶん今も一緒にいてくれている。

「フミコ、不甲斐ない亭主ですまんかったなあ。自分が情けないわ」

その夜、フミコさんの夢を見るかと期待したが何もなかった。ドラマチックなことは何も起こらなかった。しかし里谷さんはなぜか元気になっていた。

「まあ、これが僕の話ですわ。なんか、幽霊も悪魔も出てこうへんけど、実際にあった話です。妻ですか? それが最近は全然感じられへんのですわ。きっとあっちに行ってしまったんでしょうねえ。あいつの役目はきっと終わったんとちゃいますか。きっと渥美清さんともおおとるやろうし、ええんとちゃいますかね。僕もいつか向こうに行くやろうし、それまでの人生は今までの利息のようなもんですね。来月また一人で加計呂麻島に行くんですよ。あなたもぜひ行ってみて下さい」

里谷さんは現在、関西で庭師の仕事をして生計を立てている。里谷さんは今でも街中で誰かが「ご苦労様でした」といっているのを聞くと、そこに亡き妻の姿を思い出すのだという。

やまごえ

黒木あるじ

雑誌「山と渓谷」を創刊した明治生まれの登山家・田部重治《たなべじゅうじ》は、昭和十八年に刊行した自著『旅路』で、友人と奥秩父《おくちちぶ》の深林を訪れたおり、怪音に遭遇した旨を書き記している。なかなか興味深い内容ゆえ、該当部分を以下に引用してみたい。

〈それは獣類の聲ともつかず、鳥類のそれともつかず、何れにしても大きく慥かに生物の聲で、ドドドドと大地を叩き幽林をゆるがせてゐるような氣がした。兩人ともこの薄氣味の悪い音を聞いた時には、顔を見合せて黙々と歩いた。そして無事に國境に出た時に、その音は依然として足下に響いてゐた。これが何だったか今でも分からない。それから二三年ほど経って、友人菅沼達太郎君が同じところを通った時に、同じやうな氣味の悪い音が、同じ深林の間に斷續して聞えたと言ってゐた〉『旅路』(青木書店／昭和十八年)

〈山に這入り始めてから三十年以上にもなり、何かその間に怪異なことを経験しなかったかとよく人に聞かれるが、私に關する限り、さうした経験は殆どないと言ってもいい〉と断言する著者がわざわざ書き残すのだから、よほど忘れ難い体験だったのだろう。

さて、一年ほど前――私はT氏という女性から、おなじ奥秩父での体験談を拝聴した。右記の随想と共通する点が非常に興味深く、この場を借りて紹介したいと思う。近似の話をお持ちの向きは、ぜひ私宛てに一報いただきたい。

＊　＊

昭和のおわりころ、氏が奥秩父の雲取山《くもとりやま》へ登ったときの出来事である。

雲取山は東京都と山梨県の境に位置しており、都内ではもっとも標高が高いことから、登山者には人気の山であったようだ。

氏は早朝に山梨側の登山道から入り、多摩川沿いに森をひたすら進んだ。

自分のほかに登山客の姿は見あたらなかった。無人の理由は平日だからというだけではない。当時はバブルの最中、人々は街へ繰りだしては遊俠にふけっており、ハイキングや登山は時代遅れな趣味になっていたのだという。

みんな流行りに飛びついて馬鹿みたい。まあ、おかげで新鮮な空気を独占できるけど。

そんな開放感もあり、ついあちこちに寄り道してしまう。おかげで、休憩場所に定めていた七ツ石という地区へ到着するころには、ずいぶん陽が高くなっていたのだという。

朽ちかけた神社を見つけ、木陰を求めて境内に入る。大きな石に腰をおろすとリュックサックから握り飯を取りだし、アルミホイルの包みをめくって齧りついた。

途端、信じがたいほどの不味さに思わず顔をしかめる。

夏に放置した生ゴミのにおいを思いだす、本能が拒否反応をしめす味だった。

握り飯は、母が昨晩こしらえてくれたものである。使っている白米も具材の切り昆布も普段から食卓にならぶ、食べなれた味のはずだった。陽気で傷むにしても早すぎる。

たまらずに吐きだしたものの、口のなかにはあの味が残っている。おかげですっかりと萎えてしまい、立ちあがる気力がなかなか湧かなかった。

とはいえ、いいかげん出発しなくては日が暮れてしまう。日帰りのつもりでシュラフの類は持参していないから、野宿もままならない。

あまり気は進まないけど――行くだけ行ってみるか。

意を決してリュックを背負いなおした、次の瞬間。

があああああああ、があああああああ。

唸りとも叫びともつかぬ聲が、向かう道の方角から聞こえた。たとえるなら、いびきを拡声器で増幅させたような聲《こえ》であったという。

驚きのあまり氏が身を竦《すく》めているあいだも、轟音はいっかな止む気配がない。それどころかますます大きくなり、いまや木々を振るわせんばかりに響いている。

ふと、気づく。

異様な味も、異様な聲も、もしや警告なのか。

この先へ行くな、すぐに下りろという〈山の訴え〉ではないのか。

もはや迷いはなかった。氏はすぐさま踵をかえし、来たばかりの道を小走りで戻った。

帰宅してみると──家がなかった。

自分の留守中に出火し、全焼していたのである。

「原因は父の寝タバコです。火に気づくのが遅れた所為で、両親とも助かりませんでした。だから私……いまも山に感謝していいのか、恨めばいいのか判らないんです。だって……どうせ教えてくれるなら、もっと早く警告してくれれば、なにも失わず済んだのに」

その日以来、T氏は一度も山に登っていない。

握り飯も、すっかり嫌いになってしまったという。

猪跨

黒木あるじ

その日、R君一家は、ドライブがてらの家族旅行に向かう最中だったという。

運転はR君のお父さん、助手席にR君が乗りこみ、後部座席にはお祖母《ばあ》さんと乳飲み子の弟を抱えたお母さんが座っていた。

ぐねぐねとした山道を走っていると、道の真ん中に何かが転がっている。

狸《たぬき》の屍骸だった。

何度か車に引っ掛けられたらしく、狸はペンキを拭いたモップのようになっていた。毛を赤く濡らして、すこし平たくなった身体が道路に貼りついている。

咄嗟に踏むまいと思ったのだろう、H君のお父さんがハンドルを緩く切って、車が屍骸を跨《また》ぐように走り抜けた。

「シシマタギか！」

後部座席で寝ていたR君のお祖母さんが、突然起きあがって叫んだ。

意味がわからず呆然とする家族をよそに、お祖母さんは帰りたいと言いはじめた。理由を問えば、今しがた狸の屍骸を越えてしまったから、良くない事が起きるのだと言う。

お祖母さんによれば、この地方では「死んだ獣を跨いではならない、もし間違って跨いだ場合は、日を改めて出直さなければならない」というしきたりがあるらしい。

お父さんは「そんなの初耳だ」と言いながら、予約している宿の予定や、休暇は明日までしか取っていない旨を告げ、お祖母さんを説得した。

初めはかたくなに拒んでいたお祖母さんも、渋々このまま目的地へ向かうことを承諾した。

後部座席で寝ていたはずのお祖母さんが、どうして狸を跨いだのがわかったのだろう。

R君は不思議でならなかったが、少し険悪な雰囲気の車中では聞けるはずもなかった。

そうしている内に、R君一家は定宿している旅館へと到着した。

明日は海まで行こう、夜になったら花火でもしようじゃないか。海の幸が盛りだくさんの夕食を食べながらお父さんやお母さんと相談した一幕を、今でも覚えている。

お祖母さんだけが、無言だった。

翌朝、起きてみるとお母さんと弟が行方不明になっていた。

散歩に出かけたのかと待っても、一向に帰ってくる気配がない。昼過ぎになりお父さんは宿の主人に頼んで、付近の住人に海沿いや裏山を捜索してもらった。けれども、手がかりはおろか、お母さんが歩いた痕跡さえ見つからない。

「シシマタギにやられたんだよ」

お祖母さんの一言にお父さんが怒鳴ろうとした矢先、旅館の電話が鳴った。

警察からの、弟を保護したという連絡だった。

見つかったのは、ちょうど狸の屍骸があった道路からわずかに逸れた藪の中。

弟は無傷だったが、どうやってここまで連れて来られたのかは、とうとうわからなかった。車がなくてはひと晩で行けるはずもない距離である。運転のできないお母さんが乳飲み子を連れて自発的に訪れたとは考えにくい。

肝心のお母さんは、相変わらず行方が知れなかった。

警察では事件の可能性を示唆しながら、誰かと駆け落ちした可能性はないかとお父さんに質問して、暴れたお父さんは一時拘留された。

家族旅行は、その年で終わった。

数年経ったある日、R君は山で不思議な人に出会う。

中学校のスケッチ遠足で訪れたのは、弟が見つかったあたりから程近い森林公園だった。友達から離れた場所で眼前の山を写生していると、尾根のあたりに人影が見えた。影はぐいぐいとこちらへ近寄ってきたかと思うと、R君を見つめるようにして杉の木陰に立ちつくしている。

ぼろぼろの毛皮を纏った、泥だらけの顔の女の人だった。両脇に離れた目と、つぶれた鼻が動物を思わせた。女はR君と弟の名前を三回ずつ呼ぶと、風が吹くような速さで再び尾根の向こうに消えていった。

帰ってからその事を告げると、寝たきりになっていたお祖母さんが「あの子はシシヨメになったんだ」とおいおい泣いた。

けれども、お母さんにはちっとも似ていなかったよ。R君の言葉に、お祖母さんは「きっと、もうヒトをやめたのだ」と答えた。

そういうものかと思って、R君も悲しくなったという。

来年還暦を迎えるR氏から聞いた、彼が幼い頃の話である。

良い方の娘

小田イ輔

Rさんが結婚の許可を得るために、付き合っていた彼女の実家へ行った時のこと。

彼女の父親は近海で操業する漁船に乗っている漁師で、随分荒っぽい人だと聞かされていたため、緊張の面持ちで初の顔合わせに臨んだ。

「でも実際に会ってみると気さくな方で、海の男っていう豪快さはあっても、怖い人だとは思いませんでした」

母親もいたって穏やかな人物であり、彼の来訪を歓迎してくれた。

結婚のことについても最初の段階で「二人が決めたのであれば、親が口挟むことはない」と全面的に支持してくれ、以後は打ち解けて話を進めることができた。

結局、その日は「せっかく来たのだから泊まっていけ」という言葉に甘えて、そのまま彼女の家に泊まることとなったのだそうだ。

一人娘を嫁に出すということで、色々と思うところがあったのだろう、Rさんは父親の酒に昼間から付き合わされ、夜更けまで話し込んだ。

母親も彼女も寝室で眠りについた頃、父親がRさんの目を見つめ「これは、今まで誰にも言ってねぇごとなんだげどよ」と前置きし、語りだす。

Rさんは、すわ何か重大な話でも始まるのかと思い、身を強張らせた。

以下は、Rさんの弁を踏まえ、私が再構成した二人のやり取りである。


「いづ頃だったいな、俺が遠洋さ乗ってだ頃だがら、あれ（彼女）が五つか六つの頃よ。あの当時は一回陸さ上がれば二、三ヶ月は休暇だがら、俺も家でグダグダ酒飲んだりしてだんだわ、すっこどねぇがらさ」

「休みが長いってのはいいすねぇ」

「ああ、海の上では酒飲まねがったしな。陸に上がったらばど思ってだわげよ、いいど思うべ？　そんくれえよ……だけども、あれ（奥さん）がごせっぱら焼いで（キレて）よ、寝っ転がってんだったら自分の娘の面倒でも見れやつってな、鬼みでえな顔して叫ぶわげ、ああ、あれ（奥さん）穏やかそうだげど、そういう女だから気をつけろよ」

「はっはっはっは」

「そんでな、家さ居だってその通りだべし、やがますねくてわがんねえがら、あれ（彼女）連れで、磯さ行ったんだ、遊ばせっかど思ってな」

「砂浜でなくてですか？」

「浜までは遠くてな、そごんどこ下るっとすぐ海だがらさ。そんでまあ、ホレ、小せぇガキ連れで磯さ行ったたって暇たれだべ？　どうせだったらビールでも飲みましょど思って、五、六本買って持ってったんだわ」

「昼間からですか？」

「昼間っから、ふふ、んで、磯さ着いでさ『ホレ遊んでこぉ』つって放してやって。あのガギ馬鹿みでえに喜び勇んでハネでってな、俺もあぁ良かった良かったって、ビール飲み始めだのよ」

「ああ、可愛いっすね」

「ふふ、そんでまぁ、俺も日陰さ腰掛げで、うるせえのもいねえし飲み直しましょって、ビール飲み始めだんだけど、磯の風さ当だってだら眠てぐなってきたんだな。そんでビール飲みながらパヤパヤっつぐなってだのさ」

「寝惚けたみたいにってことですか？」

「そう、まぁ小せぇガギ連れで来てんだがら、寝入ったらダメだなぐらいの気持ちはあったよ、だがら一生懸命ビール飲んで、寝ないようにして」

「あっはっは」

「そんで、日陰で腰掛げでだら、あれ（彼女）が来てよ『お父さんハイ』って、こんな小せぇ石コロを俺にくれんだわ、そんでまだ磯さ行って石拾ってきてよ、何回も何回も」

「ああ、ホント可愛いっすねぇ」

「ガギっつーのも馬鹿だよなど思ってよ、なに面白ぇんだが同じごと繰り返して。まぁ俺は俺で石に点数付けで『はいよー二点』どがってな、ふふ、面倒くせぇがら、ずっと二点ばかり付けでだっけ、あれ（彼女）がむぐれでさ、はっはっは、点数上げでがったらツブ（貝）でも拾ってこいつって」


〝ああ、これはこの人なりの娘への別れの儀式なのかもしれない〟とR君は思った。

「そうこうしているうぢにやっぱり眠たくてな、ほんの少し、二、三分、寝だんだわ」

娘との思い出を語り『これから』に向けて『これまで』の関係性を再確認する。

この語りにはそういう意味があるのだろう。

「ほんで、ハッと目ぇ覚まして、うわ、しまったって、キョロキョロど顔振ってガギ探したの。何かあったら女房に殺されるど思ってな、そしたらまぁ、居だごどは居だんだげんとよ、右向いても娘、左向いても娘、そっちさもあっちさも、両方さ娘居んのよ」

——え、何？

「どういう話ですか？」

「まぁ黙って聞け。そんでな、それぞれが交互に『お父さんハイ』って、石だの貝殻だの持ってくるわげ。どう見でも娘は娘なんだわ、両方ともな」

「ええ？」

「ああ、コレどうすっかなど、酒飲んでだどはいえ、ここまでどは思わねくて」

「酔っぱらってはいなかったと？」

「うん、ビール少しだもの。そんでまぁ、二人居んだがら、どっちがは本物なんだべなって、見分げなくてなんねえなってさ、まさか両方とも連れで帰るわげにもいがねし」

「いやいや、そういう問題では……」

「ハハハハッ、だげどな見分けなんてつかねえのよ、両方ともそっくりっつーが、同じなんだがら。右がら来っか、左がら来っかの違いだげでな」

「……」

「ばやーど思って、そしたらどっちだったが忘れだげども、右だが左だがの娘が、さっき言ってやった通り、ツブ拾って持ってきたんだわ、小せぇやづな」

「……」

「ああ、こっちが気が利くやど思って、まだ遊んでだ片方置いて、そのまま手ぇ引いで帰ってきたのよ。最初は間違った方選んできたんでねぇがと思って、しばらぐヒヤヒヤしてだげどもな、ハハハッ」

「……ええ?」

「んでもまぁ、何事もねぐ、俺らの娘どしては出来過ぎた娘に育って……大学まで出で。あん時、鼻垂らして磯さ走っていった時はどうすっかど思ったげんともなあ、ふふ」

「本当の話ですか?」

「ホントホント、ホレ、俺もおっかぁもこの通りだがらよ、勉強できる頭なんてねぇがらさ、あれ（彼女）がよっぽど勉強できるって先生なんかに言われだ時はビックリしてな、あぁ、あん時、良い方の娘を拾ってきたんだなぁと思って、良いごとしたなって、はっはっ

はっはっは」

「えええ？」

「つーごとでな、よろしく頼むわR君、気の利く方だがらさ」

Rさんは一通り話を聞き終えた後で、こりゃあ嘘だろう、照れ隠しかなんかだろうと思ったそうだ。しかし——。

「それで『ホレこれ』って、そのツブ貝？　の殻っていうのをくれて……」

彼女の父は「これはまぁ、お守りみでえなもんだな、なんとなく捨てられなくてよ、後は任せたわ」とRさんの手を握った。

「これな、あれら(奥さんと彼女)には話してねえごったがら、黙っててけろな。ほれ、あっぺ？　鶴の恩返しみでぇに、急に居られなぐなっても困っからよ。俺はなんだが、まだ夢みでぇだわ、あれ(彼女)はどう考えでも出来が良すぎんのよ、俺らの娘どしては」

Rさんと彼女は結婚し、現在も幸せに暮らしている。

サンスケ

葛西俊和

青森県の津軽地方に伝わる「サンスケ」という人形にまつわる話だ。

サンスケ人形とは山で狩りをして生計を立てるマタギの間に伝わる木製の人形で、達磨のような形に愛らしい顔を描いた物だ。これは魔除けの効果があるとの謂れがあり、マタギが山に入る際は荷物の中に入れて歩いたのだという。

サンスケ人形は魔除けだけでなく、身代わり人形としても使われていた。津軽地方には長くの間『山に十二人で入ると山の神に嫌われる』という言い伝えが残っており、どうしても十二人で入山せざるを得ない時にはサンスケ人形を十三人目に見立てて連れ歩いた。これは山に棲む恐ろしいものへの対策だったそうだ。


イノダさんが祖父から聞いた話だ。祖父は若い頃マタギをしており、慣わしに従ってサンスケ人形を連れて山に入ることも多かった。

ある冬の日、とある事情から十二人の仲間とともに山へ入った時のことだ。

朝からいくら歩いても獲物と出会うことができない日だった。夕方になると天候も荒れ出し、マタギたちは山小屋の中で一晩を明かすことにしたのだという。

獲物が見当たらないのは山の神様の機嫌がよくないのかもしれない。今日は交代で見張り番を立てて用心しようと決まった。こういった夜は山の怪物が現れると言われていた。

マタギの中でも一番若かったイノダさんの祖父が番に選ばれ、彼は猟銃を抱えながら小屋の入り口を見張っていた。

山の天候は荒れ、深夜には強烈な吹雪となっていた。風の鳴る音を聞きながら、薄暗い小屋の中で身を丸めていると、風に乗って子供の笑い声が聞こえた。

笑い声は戸板一枚挟んだだけの、すぐ近くから聞こえる。声変わり前の、あどけない声が不気味だった。ぎゅっ、ぎゅっ、と雪を踏みしめる足音が四方から聞こえ、囲まれているのだと気が付いた。笑い声と足音は増え、小屋の中に鳴り渡っていた。

「おい、肩の力を抜け」

緊張のあまりせり上がった肩で猟銃を構えていたイノダ祖父に、マタギの一人がそう言った。振り返ると、仲間のマタギの騒ぎに気が付いて眠りから目を覚ましていた。

「こりゃあ厄介なのが来たぞ。遊び相手をもらえるまでは帰ってくれんじゃろ」

一番年長のマタギが外から聞こえる笑い声を聞いて、呟いた。荷物からサンスケ人形を取り出すと、イノダ祖父に渡し、

「一瞬だけ戸を開けるから、これを放り出せ」

そう言って戸口に立った。

「絶対に外を見ようと思うな。連れて行かれたら、わしらでもどうにもならん」

マタギの仲間が戸口とは逆方向の壁を叩き音を出すと、外にいるものたちの声が音の鳴る方へと移動していくのがわかった。それと同時に、戸口が僅かに開けられた。

サンスケ人形を外に放るのは一瞬のことだった。それが雪の上に落ち、音を立てる瞬間、風のように速く小さな影が群がった。

それは雪と同じく白い、無数の人型だった。

戸口は閉められ、用心棒で固定された。外からは狂ったような笑い声が響き、やがて足音とともに去っていったという。

翌朝、マタギたちが外へ出ると、小屋の周囲には無数の足跡が残されていた。小さな、

子供のものであったという。サンスケ人形が消えているのを見て、年長のマタギは安どの息を漏らした。

「満足してくれたようだ……」

その後、獲物を狩ることに成功し、イノダさんの祖父たちは無事に山を下りることができたという。

釣果

黒木あるじ

F氏は、無類の釣り好きとして仲間内では有名な人物である。

休日のほとんどを釣りに費やし、年に一度、家族サービスと称して趣くキャンプも、竿を握りたいがために決まって海沿いを選ぶ。

盆になれば潮がよい日だと隣県の浜まで出かけ、正月は初詣を早々に済ますと、その足で近郊の磯まで向かう。身内はおろか釣り友達も呆れるほどの「釣りバカ」だったという。

そんな彼が、ある日を境に釣りをぱったりとやめた。

毎晩のように手入れしていた竿を知人に譲り、細かな用具もすべてゴミ袋に詰めこんで捨ててしまった。家族が問い質しても、口ごもるばかりで明確な理由は言わなかった。

ところが――それから二ヶ月ほどしたある夜、夕餉の席で「そろそろ、喋っても良いかもしれんなあ」とおもむろにF氏がつぶやいた。

以下は、そのとき氏が家族に語った話である。

その日、F氏は自宅から車で二時間ほどの海岸へと向かっていた。

当初は知人数名と連れだって来る予定だったのだが、あいにく仲間は親戚の通夜や家族の急病で誰ひとり都合がつかなくなり、やむなく彼のみが単独で来る羽目となった。

いつもは潮目の具合だの仕掛けの工夫だので盛り上がる車内も、ひとりきりではどうにも寂しい。退屈しのぎにカーラジオをつけたが、調子が悪いのか雑音ばかりで聞きとれない。明けはじめた空には鉛色の雲がのっぺりと広がっている。気持ちの沈む景色だった。

引き返そうか、出直そうか。そんな考えが頭をよぎった。

しかし、せっかくの予定を明確な理由もなく変更するのも癪に障る。むしろここで大物を釣っておけば仲間にも自慢できる。

思い直した彼は、目的の海岸へと車を走らせ続けた。

浜に着き、竿と道具箱を手に防波堤まで歩き出して間もなく、彼は首を傾げた。

普段なら地元の連中をはじめ多くの釣り客が糸を垂らしているはずなのに、今日に限って人の姿が見当たらない。

不思議に思いながら仕掛けを準備していると、このあたりの住民とおぼしき老人が、犬を連れて散歩にやって来た。

「あんた、今日はやめたほうがええよ。〈えびすがえり〉が来なさる」

突然の言葉に戸惑っていると、老人は数十メートル先のテトラポットを杖で指した。

「今朝、あそこで恵比寿様が見つかっての。さっきまで警察やら救急隊やらで大騒ぎだった。その様子を見て、釣り客もみぃんな帰っちまった」

えびす、さま。おうむ返しに口を開くF氏を見て、老人がため息をつく。

「水死体だよ」

老人によれば、このあたりでは水死体を〈恵比寿様〉と呼ぶらしい。沖で見つかる〈招き恵比寿〉は豊漁の証として重宝されるが、磯に流れつく水死体は、海神から嫌われた〈戻り恵比寿〉と称し、災いを運ぶものとして忌み嫌われているという。

今朝見つかった水死体は、典型的な〈戻り恵比寿〉だった。腰を非常線用のトラロープで縛りあった男女の死体。無理心中である。

「あんたも厄を釣る前に、引き揚げたほうが良いよ」

忠告を残して、老人が去っていく。

だが、F氏は帰り支度をするどころか、これ幸いとばかりに竿の準備をはじめた。

仲間はおろか、ほかの釣り客もいない好況を逃す手はない。

水死体が発見されていなければ不気味に思うかもしれないが、すでに回収されたならば、何ら問題はないじゃないか。強引な理屈で自分を言いくるめたのである。

糸を海面に落として間もなく、アタリがあった。リールを巻くと、大ぶりのイシダイが暴れながら姿を現した。嬉々として針をはずし、クーラーボックスに放りこむ。

大物の興奮も冷めやらぬうちに、すぐさま竿に強い衝撃が走る。今度はチヌ、そしてヒラメ。再びイシダイ。入れ食いだった。

午前中いっぱいを費やして、F氏は釣りをはじめて以来、最高の釣果を得た。

もっと竿を握り続けていたかったが、これ以上釣ってしまうとクーラーボックスの蓋が閉まらなくなるおそれがある。

仕方なく帰宅を決めると、F氏は鼻歌まじりで車を発進させた。鮮度を保つために必要な氷を分けてもらうため、県道沿いにある顔馴染みの貸し釣具店に立ち寄った。

大物との格闘を店の主人に自慢する。愛想まじりで褒めそやす店主の言葉に喜びながら、意気揚々とクーラーボックスの蓋を開けた。

ボックスの中が、藻屑のようなものでびっしり埋まっている。

黒髪だった。


魚はすべて死に絶えていた。

釣ったばかりなのに、何日も野ざらしにしたような酷い腐敗臭がした。

「ああ、駄目だ。戻り恵比寿だよ、これぁ」

店の主人が眉をひそめる。

「お客さん呼ばれたんだ。次に海へ行ったら引っ張られるよ。戻り恵比寿はしつこいからね、今日使った道具は捨てたほうが良いよ。〈磯ぼとけ〉になっちまう」

黙って頷くと、クーラーボックスの蓋を閉じる。

恐ろしくて、〈磯ぼとけ〉の意味は聞けなかった。


F氏は、現在でも海には行かない。

家族の行楽も、すべて山になったという。

傷痕

葛西俊和

十年ほど前に亡くなったのだが、私の友人K氏の祖母の話である。名前はユエさんといい、歳よりも十歳は若く見える端正な顔立ちの婆様であった。ユエさんは陽気な性格の持ち主で、学生の頃に私やK氏の友人たちが遊びに来るとよく顔を出し、若い衆に混じって話をしたりお菓子や小遣いをくれたりした。同時に恐怖の対象でもあり、私たちが集まって悪さをしているといつの間にか背後に立っており、杖や鉄拳が飛んでくるような豪胆な方でもあった。彼女は面倒見が良く、悪たれな私やK氏はユエさんには随分とお世話になったものだ。

ユエさんの顔には左頬から下顎にかけて大きな刃物傷があった。端正な顔立ちに刃物傷が走っているその容貌には迫力があり、私はK氏と共に一度、その刃物傷についてユエさんに訊いたことがあった。今思うとかなり不躾なことを訊いたのだが、彼女はにこやかに昔話を聞かせてくれた。

ユエさんの生家は海沿いの町で商いをしていた昆布屋で、彼女は長女だった。十八歳の頃にK氏の祖父と駆け落ちし、山間部で農家をしているK氏の実家に嫁いできたのだという。当時は商人の長女がK氏の実家のような小作の農家に嫁ぐというのはありえない事とされており、もし祖父と結婚するなら勘当するとまで言い渡されての駆け落ちだった。

育ちの違う田舎にやって来た商人の娘、しかも駆け落ちとくれば周囲の目は冷たかった。しかしユエさんは持ち前の明るさと肝の据わった振る舞いから次第に村の住人たちに認められるようになっていった。なにより美人であったのが村の男たちと仲良くなるのに役立ったそうだ。ユエさんが村に馴染むとそれを良く思わない人々が出てきた。

村の女性たちである。彼女らは村の外から来たユエさんを毛嫌いしており、事あるごとに嫌がらせをしていた。ユエさんはそれもしょうがないと受け入れていた。

秋の収穫祭が迫った頃、ユエさんは村の女性たちと山へ入ることになった。収穫祭で食べるキノコや山ぶどうを集めるのが目的であり、ユエさんも村の女たちに負けていられないと意気込んでいた。

山へ入ると皆、仲の良い相方を見つけて一緒に散策するのだが、ユエさんと組もうという人は誰もいなかった。仕方ないのでユエさんが一人でキノコを探していると、一人の若い女が声を掛けてきた。彼女は近所に住む米農家の娘で、以前から何度か話をしたことがあった。彼女はユエさんを励ますと、穴場があるから一緒に行こうと誘った。ユエさんは嬉しくなってついていった。

二人は随分と歩いたという。いくつかの沢を越え、獣道を進むうちに山の境を通り過ぎていることにユエさんは気がついた。日常的に山へは入っているが、こんな山奥に踏み入るのは初めてであり、ユエさんは少し怖くなったという。

「ごめん、ちょっと待っててけ」

山林の中でユエさんの前を先導していた娘が立ち止まり、そう言うと木の陰に走って行った。用を足しているのだろうとユエさんは倒れ木に腰かけて待っていたのだが、いくら待っていても彼女が戻ってこない。辛抱たまらなくなって呼びかけた後に木の裏側を覗き込むと、誰もいなかった。周囲を見渡しても娘がいる様子はなく、この時ばかりは豪胆なユエさんも血の気が引いた。置いて行かれたのだ。

ユエさんは必死になって村への帰り道を探したが、来た道を完璧に覚えてはいなかった。周囲は深い山林、あっという間に自分が今どこにいるのか分からなくなり、遭難してしまった。しかしじっとしていると怖くてたまらない、ユエさんはとにかく山の中を歩き回った。

歩き疲れたユエさんは、偶然見つけた山ぶどうを食べて喉の渇きを癒していた。ふと空を見ると太陽が西の山稜に近くなっていた。あれよあれよという間に太陽は夕日になり、周囲に夜の帳が下りてしまった。人工的な灯りが一切存在しない山中で動き回るのは自殺行為だ。身動きの取れなくなったユエさんは持っていたマッチで焚火を作ると地面に座りこんで朝を待った。頭の中には村の女たちへの恨み言が渦巻き、怒りで心細さを薄れさせていたという。そんな彼女の気配が良くなかったのか――

山林の木が折れる音がした。ユエさんは音のした方を向くと、立ち上がって焚火から長い薪木を引き抜いた。火の明かりにつられて獣でもやって来たかと身構えたが、それは違った。暗い木と木の間に、闇よりも濃い大きな塊があった。背はユエさんと同じほど、しかし幅が樽の様に太かった。ずりっと妙な音を立てて、それは近寄ってきた。

焚火に照らし出され露わになった姿は、人のように手足がある、しかしそれはグズグズに湿った泥でできているようだった。顔の部分には木の皮を削って作ったような粗雑な面を被っている。

「こげな夜更けにどして山さいる。娘っ子」

木面の化物はそう言ったような気がした。話しかけられたことの内容ならユエさんは覚えているのだが、声色は何故か記憶からすっぽりと抜けていた。そもそもそれが声を発していたのかも定かではないという。

「迷って村さ帰れねぇんだ」

ユエさんがそう言うと、木面のの化物は小刻みに震えた。笑っているようにも見えた。

「へば、我が村さ帰してやろうか。娘っ子や」

「そんなことできるのがよ」

「当たり前だべよ。その代わり、村さ着いたら欲しいものあるが。良いか？」

それはなんだとユエさんが聞くと、木面の化物は腕をあげて指をさした。爪の先までグズグズした指先はユエさんの顔に向いていた。

「なの、めごい顔よ。娘っ子……」

『顔』が欲しいと聞いてユエさんは咄嗟に断ろうとしたが、声が出なかった。全身に微量

ユエさんはその場に倒れこんだ。倒れたユエさんの電流が走ったかのような痺れを感じ、ユエさんはその場に倒れこんだ。

に木面の化物は近付くと、自分の胴体から千切った泥のようなものを彼女の身体に塗り付けていった。それは妙なことに果物のような良い匂いがしたという。最初に脚を塗られたのだが、付着した箇所の感覚が無くなっていくのがユエさんには分かった。木面の化物は体から泥のようなものを千切り続け、ユエさんの全身を下から上へ向かって万遍なく塗っていった。泥のようなものは服の上にも掛けられ両腕、首ときて顔にも塗られるとユエさんの意識は途切れてしまった。

ユエさんが発見されたのは村からほど近い山の入り口だった。村ではユエさんが山から帰っていないと騒ぎになり、男たちで捜索隊が編成されていた。彼らが山へ向かう道中、入り口で倒れているユエさんを発見したのだ。

彼女は全身泥だらけで気を失っていた。捜索隊にはユエさんの夫も含まれており、彼はユエさんを背負い村まで連れて帰ったという。村へ帰り、身体中の泥を湯で洗い流すとユエさんの意識も戻った。

家に戻ったユエさんは家族だけに山での出来事をすべて話した。木面の化物について聞くと、ユエさんの夫は彼女に匕首《あいくち》を渡したという。

「おめえを山のもんが呼びにくるかもしれねぇ。もし呼ばれたら俺たちにはどうしようもできねぇ。だからこの刀をやる。山のもんは人の血を嫌う、やって来たらその刀で腕を少し切れ」

その夜、ユエさんは眠ることが出来ずにいた。身体は疲れきっているのに意識だけは妙に冴えていた。水でも飲もうと台所へ立った時だった。

「顔を貰いに来たぞ。娘っ子よ」

戸板の先から声が聞こえた。山で出会ったあの木面の化物だとユエさんは察し、支え棒を確認してから戸板の前に立つと、言った。

「顔は渡せねよぉ。食べ物や金なら渡せるが、身体の一部は無理だべよ」

「約束を破る気か?」

「そもそも約束してねべよ」

戸板の先で湿った音が聞こえた。すると、戸板が大きく揺れた。何か固い物を叩きつける音が続いた。このままでは入ってこられてしまう、戸板を押さえて夫に助けを求めたが、誰も起きてくる気配は無かった。

「顔、顔、顔。顔をよこせ！」

戸板を叩く勢いは増していき、頑丈な木板がメキメキと音を立てた。ユエさんは腰に差していた匕首を抜くと、刃を自分の顔に添えて引いた。左頬から熱い血が滲み出し、床に落ちると戸板の先で猿の鳴き声に似た絶叫が聞こえた。

「傷物の顔でよければ持っていきなよ。山のもんや！」

半狂乱になってユエさんが叫ぶと、戸板の先から気配が消えた。すると、ユエさんの声で目を覚ました夫も駆けつけてきたという。朝になり、家の外に出ると戸板やその周辺には悪臭を放つ大量の泥が散乱していた。

「後になって知った話だけどね。私たちが普段入る山から一つ境を越えた山林は、村人たちが禁足地としている場所だったの。私は村の女たちに騙されて、そんな場所に置いてこられたのさ」

その一件からユエさんは山へ入れなくなったという。山へ踏み込もうとすると、治った筈の刃物傷がじくじくと痛むようになったからだそうだ。

雪山

若本衣織

その日、篠田さんは巻狩りの隊列に混じって雪山の傾斜を登っていた。

毎年冬山で行っているウサギ猟のためだ。新米猟師の篠田さんにとっては今季三回目の出猟ではあったが、今年はまだ獲物を手にしていなかった。そもそも秋口にひいた質の悪い風邪のせいで体力が落ち、本調子に戻れないまま猟期に突入していたのだ。

兎を狩るのに追い手が少ないからと声が掛かったものの、一日身体を休めたい気持ちの方が強かった。

篠田さん達が猟場としている山一帯は、登山客にも人気なエリアでもある。だが狩猟者が踏み入れるのは道なき道、雪深く、まともには歩けないような林道や傾斜を上っていく。

ウサギはイノシシと違って下から上に向かって逃げていく習性がある。そのため、勢子《せこ》が声を出しながら尾根に向かって追い立て、待ち伏せていた射手が鉄砲で撃ち取るという猟法が一般的だ。言葉で説明するのは簡単だが、ウサギが隠れていそうな急斜面を身一つで登っていくのは、それだけでも中々骨の折れる仕事である。

平時でも、翌日には全身が軋むほどのダメージを受けることとなるのに、今の篠田さんは病み上がりの身だ。

しかし先輩方の手前、泣き言を言って断った後の方が怖い。巻狩りのメンバー内では最年少でもある上に、地域で商売もしている。妙なところでわだかまりを作りたくなかった。

行きたくない。でも、行かなければいけない。

そんな後ろ向きの気持ちで出猟したからだろう。その日の山歩きはどうにもうまくいかないことだらけだった。

山の入り口に着いた瞬間、厭な予兆が足元から這い上がってきた。熱がぶり返してきたのか、ぞわぞわとした悪寒が全身の肌を毛羽立たせる。

歩き出してからも同様だった。やけに足が縺れるのである。上手く腿があがらない。

山の入り口の段階で、既に何度も顔面から雪に突っ込んでいたせいか、他の勢子からも乾いた笑いが漏れた。猛烈に悔しくてわざと足を大きく上げたものの、今度はずぶりと柔らかい雪の中に沈んでしまう。雪上歩行を補助するかんじきを履いているというのだが、何の役にも立たない。異様なほど身体が沈むのだ。

「どんくせぇな」

先輩猟師の呆れ声が飛んでくる。いつもならば下っ端らしくヘラヘラと上辺だけの謝罪をしているものの、地面に伏した篠田さんは一言も発せないほどに動揺していた。

さっきから、転ぶ度に強烈な視線を覚えるのだ。

悪寒を覚えて振り返る。勿論、視線の主の姿は無い。野生動物がこちらの様子を伺っている可能性もあるが、それとは異なる悪意を覚える視線だ。

そもそも野生動物であれば狩猟歴の長い先輩達が先に気付く筈だ。しかし、何かの存在に気付いているのは篠田さんだけのようである。

何かが見ている。何かが自分をこの場に留めようとしている。

妄想じみた緊迫感が、山を登るにつれて増大していった。

登り始めて一時間ほど経った頃だろうか。急に舞い上がった雪煙で視界を遮られ、身体のバランスを崩した。途端、折角登ってきた急斜面をずるずると滑り落ちてしまう。篠田さんは十メートルほど滑落してしまった。慌てて顔を上げるも猟隊の姿は見えない。落ちてしまったことに気付いていないのか。

「細谷さぁん」

慌ててリーダーの細谷さんに呼びかけるも、返事はない。恐らく、既に声の届かないところまで進んでしまったのだろう。追い付くには骨が折れそうだ。

取り敢えず、トランシーバーで連絡してみようか。

狩猟ベストからトランシーバーを抜き出そうと、軍手を脱ぐ。その時だった。

耳元で、フウッと笑いを含む吐息が聞こえた。思わず、両耳を押さえて飛び上がる。

なんだ。なんだ、今のは。

勿論、吐息を吹き掛けられるほどの距離には何もいない。気のせいだろうか。

キョロキョロと辺りを見渡す。

何か、いる。眼下百メートルほど先、木の陰に半身を隠すようにして、何者かが立っているのが見える。

黒い人影。熊のように見えて肝を冷やしたが、それにしても大きいように思える。では誰かが雪深い山の急傾斜に立っていることになる。

誰が。何のために。

猟隊のメンバーは先に行っている。この時間に林業者が一人で入ってくることはない。登山客が迷い込んでいるにしては、声も出さないで様子を窺っているのは不可解だ。

それに、先ほどの笑い混じりの吐息。

今更ながら、全身の毛が逆立つのを感じる。まともな存在じゃないことは確かだ。

逃げよう。

向こうが篠田さんの存在を捉えていることは明白だったが、少しでも刺激を与えないようにゆっくりと方向転換をし、一歩踏み出す。間髪を入れずに、雪中からブツンという妙な音が聞こえたかと思えば、またバランスを崩して転倒した。靴裏に違和感を覚える。

慌てて雪に沈んだ足を引っこ抜けば、かんじきの紐が切れている。高強度のポリエチレン繊維が、引き千切れているのだ。今季新調したばかりで、劣化の可能性はない。

フゥッと、生臭い吐息が再び耳を湿らせる。

慌てて振り返ると、例の人影が目に飛び込んでくる。しかし、その姿に違和感を覚えた。

身体が大きくなっているような気がする。

いや、違う。近づいているのだ。篠田さんが振り返った一瞬で十メートルほど距離を詰めたことになる。人間や獣ができる芸当ではない。そう思い当たったところで、篠田さんの頭に厭な想像が過ぎる。

まさか、あいつ。転ぶ度にああやって、少しずつ近付いてきたんじゃないだろうか。

冷や汗が止まらなくなる。

追いつかれるわけにはいかない。リュックサックからガムテープを取り出すと、かんじきを無理やり足に縛り付け、歩き出す。途端、石を踏んで転ぶ。

フウッと、笑いを含んだ吐息が耳を擽る。

振り返ると、やはりいた。更に近付いている。もうその姿をはっきりと視認することができた。あれは人間ではない。勿論、獣でもない。それは、腐肉を寄せ集めたかのような、黒い巨大な肉塊だった。

思わず、悲鳴が漏れた。足が縺れ、また転倒する。後ろを振り返るまでもない。

震え、縺れる足を拳で叩きながら、必死に前へと進んでいく。パニックになってはいけない。そう思った瞬間、雪の中に埋もれた石を踏み、足が滑った。もう、限界だった。

なりふり構わず、斜面を登っていく。一刻も早くその場を離れたかった。藻掻き暴れる内に、木や岩に身体をぶつけてはバランスを崩してしまう。補強したかんじきは壊れ、岩にぶつかり手袋が脱げ、木に引っ掛かって服が破れる。その隙間から冷気と雪が入り込み、一気に身体が冷える。

身包み剝がされてしまう。山に全部奪われてしまう。

そんな感覚が頭を過ぎった時だった。

「おい、篠田。何やってんだ」

顔を上げると、リーダーの細谷さんが呆れた顔で斜面を下りてくるのが見えた。篠田さんが居ないことに気付いてくれたのだろう。安堵からか、年甲斐もなく涙が溢れだす。

「細谷さん。助けて、助けて」

恐怖で口の中がカラカラに乾き、上手く呂律が回らない。そんな篠田さんの様子にただ事ではないと悟ったのか、細谷さんは大慌てで駆け寄ってきた。

「おいおい、何だよ。怪我でもしたのか」

困惑した表情で篠田さんを引っ張り起こすと同時に、ヒュッと白い息を吐いて細谷さんの顔が凍り付いた。目を見開き、篠田さんの背後を凝視している。

あいつがいるのだろうか。いま、どこまで来ているのか。

「おーい。細谷さん、篠田。大丈夫か」

場の緊張の糸を切るような声が聞こえてきた。他のメンバーが続々と上から顔を覗かせる。その瞬間、パンッと乾いた銃声のような音が響き、全員がその方角へ釘付けになった。煙のように舞う雪の中にある一本のスギの木、その幹がまるで斧で叩き割ったかのように縦に裂けていた。

反響する破裂音の中、誰もがじっと押し黙り、舞い散る雪を眺めている。いち早く我に返った篠田さんは、目に涙を浮かべながら必死に自身が見たもの、体験したことを語った。しかし説明に熱がこもればこもるほど、メンバーは乾いた笑いを見せる。

「篠田。お前、寝惚けてたんじゃないか。初っ端からずっこけてばかりだったしな」

そう言って揶揄《からか》われるだけで、やはり信じてもらえない。

「じゃあ、このスギは何なんですか。現に皆さんの前で真っ二つになったでしょうが」

篠田さんが幹に触れようとしたところで、妙なことに気が付いた。スギの根元に小さな窪みがあるのだ。まるで直前まで誰かがそこに立っていたかのように。

更に、その窪みには五センチくらいの黒く長細い物体が折り重なるようにして何本も落ちている。

「こりゃあ、タヌキの溜め糞じゃねえか」

固まる篠田さんを横目に、呆れた声で細谷さんが声を上げた。震える篠田さんは、上手く言葉を紡げない。

「篠田。お前、タヌキに化かされたんだよ」

メンバーたちも間髪入れずに突っ込むと、いかにも可笑しそうな笑い声をあげた。

「あの、でも、スギが……」

「凍裂だよ。トウレツ。寒くて割れたの」

尚も食い下がる篠田さんに対し、細谷さんはうんざりした調子で肩を叩いた。

「お前がギャアギャアギャア騒ぐから、ウサギが居なくなっちまったじゃねえか」

帰んぞ。篠田さんをぐいぐいと押しながら、猟隊は下山の準備を始める。一列になって下りていくメンバーの表情は、笑顔を張り付けているものの、どこか暗く感じた。

「結局、最後は全力疾走するようにして山を駆け下りたんです」

篠田さんは下山後、何度も山中で遭遇した怪異について仲間内で話そうと試みた。しかしその度に「タヌキに化かされたんだろう」と揶揄われ、笑い話として昇華されてしまう。終いには、あの日の話をしようとすると露骨に避けられるようになってしまった。

「でもね、みんな誤魔化しますけど本当は分かっているんですよ。あれは凍裂じゃないって。あんな気温じゃ凍裂なんて起きないことくらい、素人のボクだって分かりますよ」

それに。

篠田さんはごくりと唾を飲み込み、ぶるっと身体を震わせる。

「本当は分かっているんです。細谷さんも、猟隊の方たちも。あれはタヌキの溜め糞なんかじゃない。あれは、あれはね」

フッと白い息を吐き、篠田さんは一層声を潜めた。

「あれは確かに、凍て腐って落ちた数十本もの人の指だったんです」

その山は今でも登山客に人気を集めている山であるが、冬には帰らぬ者も出るという。

うみだま

黒木あるじ

あんた、絶対に場所をあかさないように書くって約束できるかい。もし町の名前や港の場所が判るような描写があったら——死ぬぞ。

いや、呪いとかそんな馬鹿げた話じゃない。「俺が殺す」って意味だよ。海の男ってのはいまも昔も血の気が多いんだ。自分の〈職場〉が心霊スポットあつかいされたら、そりゃ黙ってるわけにいかないだろ。俺たちも生活がかかってるんだからさ。

本当にいいんだね、忠告はしたからな。じゃあ——約束だから話してやるよ。

ウチは岩場の魚礁が多いもんでさ、昔から沿岸漁業が主流なんだ。

いまでこそ漁船で沖合へ出るけど、昔はイソマワリが盛んだった。俗にいう磯見漁だ。

一人乗りの小船——バッテラっていうんだけどな——そいつで沖へ出て、ガラスを嵌めた箱メガネってやつで海のなかを覗いて、手にした銛でナマコや海藻、アワビとかサザエを刺して獲るんだ。いまじゃ信じられないけど、ウチの親父の代くらいまではイソマワリで一家が暮らせるだけの稼ぎになったそうだよ。

ただ、年がら年じゅう海中を覗いてると、たまにはおかしなことも遭ったようでね。


親父の兄弟――つまり俺の叔父さんも漁師だった。

この人はイソマワリの達人で、驚くほど肥えたアワビや、人の頭より大きいミズダコをひょいひょい獲っちまうんだ。あれは本当に神業だったな。

この叔父さんがある日、いつものようにバッテラで沖へ出かけたんだ。

本人しか知らない穴場に到着して、箱メガネで海のなかを覗く。達人だもの、普段ならすぐさま獲物を見つけて仕留めるんだが――なぜかその日にかぎって、魚も貝もまったく見つからなかったらしいんだな。まあ自然が相手だから、そういうことだって珍しくない。ちょっとした海温の変化や潮の流れで、あいつらはすぐに場所を変えちまうからさ。

でも――叔父さんはどうにも合点がいかなかったみたいでね。

普通はいくら不漁でも、わずかな海藻やサザエの殻のひとつふたつくらいは、海の底に転がっているもんだ。それが、ただの一匹もいないんだから、そりゃ首を傾げるよな。

これじゃ、まるで海の生きものすべてが逃げだしたみてえじゃねえか。

逃げるって、なにから。

そんなことを考えながら箱メガネを覗いていると——視界の端で大きなものが動いた。

海底が翳るほど巨大な〈なにか〉が、こちらに近づいてきたというんだな。

叔父さんはすぐさま「鮫《フカ》かな」と考えたみたいだ。ここらの沖ではあまり見ないんだが、

それでもたまに気まぐれなやつがやってきては、魚を食い荒らしていくからね。それなら

魚群がまったくいないのも腑に落ちるだろ。

俺ならビビッて即座に港まで逃げ帰るところだけど、そこは達人だ。憎き鮫をこの手で

仕留めてやろうと思ったらしい。

はたして、銛一本で獲れるだろうか。

まさか、こちらに飛びかかってくるなんてことはないだろうが。

さすがの叔父さんも、すこし緊張しながら銛を握りなおして、獲物が間合いに入るのを

じっと待った。影がだんだん近づいてきて、その姿が明瞭《はっき》りと見えた途端。

叔父さんはすぐにその場を離れて、急いで港まで戻ったんだとさ。

鮫じゃなかったんだよ。

人間だった。人間の群れだった。

何十人ものヒトが手を繋いで足を絡めて身体を密着させて、大きな球体になって海底をごろんごろんと転がっていたらしいんだよ。ほら、小学校の運動会で「大玉転がし」って競技があるだろ。あの大玉くらいのサイズだと言っていたな。

服を着ているやつ、ズボンが脱げているやつ、丸裸のやつ——なかには、顔半分の肉が削げちまって、骨が見えているのもいたそうだ。

ああ、たぶん海で死んだ連中だろうな。それが、ひとかたまりになって動いてるんだ。ほら、アジやイワシの群れって一匹の巨大生物みたいに見えるだろ。あんな感じだったと叔父さんは震えながら言って、それから「いちばん怖かったのは」と言葉を続けてね。

いちばん怖かったのは、あの〈かたまり〉を数えきれない魚が追いかけていたんだよ。あれは餌箱だよ。海がこしらえた餌箱だ。俺たちが獲る魚は、あれを食って育つんだ。それに気づいちまったもんで、俺はもう駄目だ。

その言葉どおり、叔父さんはぱったりとイソマワリを辞めちまった。

ちょうど遠洋漁業が持て囃されはじめた時期だったもんで、まわりは「磯じゃ稼げなくなったんだろうな」と考えていたみたいだがね。だから、真相を知ってるのは叔父さんと親父や俺だけだ。ま、そのほうが助かるよ。そんなことを知ってしまったら、誰もウチで獲れた魚を買わなくなるもの。

な、俺が「絶対に場所がバレないようにしろよ」と念押しした理由、判ったかい。本当に頼むぜ。あんたを、あの〈かたまり〉の仲間にしたくはないからさ。

初出一覧

道迷い――鈴木　捧（書下ろし）
やまよめ――黒木あるじ（書下ろし）
かわおとこ――黒木あるじ（書下ろし）
ヨーカビーの海――小原　猛（書下ろし）
ぼたもち――春南　灯（書下ろし）
呼び水――若本衣織（書下ろし）
渓流怪談――平谷美樹（書下ろし）
煙突――春南　灯（書下ろし）
祠――鈴木　捧（書下ろし）
鬼鼓――小原　猛（書下ろし）
川の中で――小田イ輔（FKB怪幽録　奇の穴）
裏山の神様――神沼三平太（実話怪談　毒気草）
海象――黒木あるじ（怪談実話　震）
暗い海――戸神重明（恐怖箱　魂迎）
朝焼けに映える海――鈴堂雲雀（恐怖箱　吼錆）
幽霊船――平谷美樹（怪談倶楽部　怨恨）
渓流の一夜――戸神重明（恐怖箱　閉鎖怪談）
雪かき――つくね乱蔵（恐怖箱　蛇苺）
捨島――黒木あるじ（怪談実話　畏）
山骸――黒木あるじ（怪談実話　叫）
呼び声――小田イ輔（FKB怪幽録　呪の穴）
海へ帰るもの――戸神重明（恐怖箱　海怪）
近辺の山――小田イ輔（実話コレクション　呪怪談）
青いジャンパー――春南　灯（書下ろし）
叫び――春南　灯（書下ろし）
望岳台――春南　灯（書下ろし）
禁車――鈴木　捧（書下ろし）
S避難小屋――鈴木　捧（書下ろし）
天狗銭――鈴木　捧（書下ろし）
喘鳴――春南　灯（書下ろし）
珊瑚のかけら――小原　猛（書下ろし）
やまごえ――黒木あるじ（書下ろし）
猪跨――黒木あるじ（怪談実話　震）
良い方の娘――小田イ輔（実話コレクション　呪怪談）
サンスケ――葛西俊和（降霊怪談）
釣果――黒木あるじ（怪談実話　痕）
傷痕――葛西俊和（鬼哭怪談）
雪山――若本衣織（書下ろし）
うみだま――黒木あるじ（書下ろし）

著者紹介

小田イ輔（おだ・いすけ）

「実話コレクション」「怪談奇聞」各シリーズ、共著に「怪談四十九夜」「瞬殺怪談」「奥羽怪談」各シリーズ、『未成仏百物語』など。原作コミック『厭怪談 なにかがいる』（画・柏屋コッコ）もある。

葛西俊和（かさい・としかず）

『降霊怪談』で単著デビュー。『鬼哭怪談』、共著に「怪談四十九夜」「瞬殺怪談」「奥羽怪談」各シリーズ、『怪談実話競作集 怨呪』『獄・一〇〇物語』など。

神沼三平太（かみぬま・さんぺいた）

『甲州怪談』『鎌倉怪談』『湘南怪談』『千粒怪談 雑穢』『実話怪談 揺籃蒐』『実話怪談 吐気草』など多数。共著に「恐怖箱百式」シリーズほか、『実話怪談 虚ろ坂』『実話怪談 玄室』など。

黒木あるじ（くろき・あるじ）

「怪談実話」「無惨百物語」「黒木魔奇録」「怪談売買録」各シリーズほか。共著では「怪談四十九夜」「瞬殺怪談」「奥羽怪談」各シリーズ、『実録怪談 最恐事故物件』など。『葬儀屋 プロレス刺客伝』など小説も手掛ける。

小原 猛（こはら・たけし）

『沖縄怪談 耳切坊主の呪い』はじめとする「琉球奇譚」シリーズ、「沖縄の怖い話」シリーズ、「琉球怪談」シリーズ、『沖縄怪異譚大全 いにしえからの都市伝説』、『琉球怪談デラックス』（画・太田基之）、『実話怪談 怪奇島』（共著）など。

鈴木 捧（すずき・ささぐ）

『実話怪談 花筐』にて単著デビュー。著作に『実話怪談 蜃気楼』、共著に『黄泉つなぎ百物語』『怪談四十九夜 病蛍』『投稿 瞬殺怪談』など。

つくね乱蔵（つくね・らんぞう）

『恐怖箱 厭怪』で単著デビュー。『実話怪談傑作選 厭ノ蔵』『恐怖箱 厭福』『恐怖箱 厭熟』『恐怖箱 厭還』など。共著に「怪談四十九夜」「瞬殺怪談」「怪談五色」「恐怖箱テーマアンソロジー」各シリーズなど。

戸神重明（とがみ・しげあき）

単著に「怪談標本箱」シリーズ、『いきもの怪談 呪鳴』『上毛鬼談 群魔』『幽山鬼談』など、共著に『群馬百物語 怨ノ城』『田舎ノ怖イ噂』『恐怖箱 煉獄怪談』『怪 異形夜話』など多数。

春南 灯（はるな・あかり）

北海道出身。第七回『幽』怪談実話コンテスト佳作入選をきっかけに、心霊体験談の蒐集を開始。自らの足で集めた体験談をもとに執筆した作品で、竹書房主催【怪談マンスリーコンテスト】最恐賞を四度受賞。著書に『北霊怪談 ウェンルパロ』など。

平谷美樹（ひらや・よしき）

小説家。『エリ・エリ』で二〇〇〇年に第一回小松左京賞受賞。SF作品や時代小説など、精力的に執筆。怪談は「百物語 実録怪談集」「怪談倶楽部」各シリーズ、共著に『黄泉づくし』『奥羽怪談』など。

鈴堂雲雀（りんどう・ひばり）

北海道出身。『恐怖箱 吼錆』にて単著デビュー。主な著作に『恐怖箱 凶界線』『追悼奇譚 禊萩』など。

若本衣織（わかもと・いおり）

著書に『忌狩怪談 闇路』、共書に『実話怪談 玄室』『恐怖箱 霊山』『趣味怪談』『怪談実話コンテスト傑作選2 人影』『怪談実話NEXT』がある。

★読者アンケートのお願い

本書のご感想をお寄せください。
アンケートをお寄せいただきました方から抽選で
10名様に図書カードを差し上げます。
（締切：2023年12月31日まで）

応募フォームはこちら

山海の怖い話

2023年12月6日　初版第1刷発行

著者…………………… 黒木あるじ、平谷美樹、小原 猛、鈴木 捧、若本衣織、春南 灯、
…………………… 小田イ輔、鈴堂雲雀、葛西俊和、戸神重明、つくね乱蔵、神沼三平太
デザイン・DTP …………………… 延澤 武
企画・編集 …………………… Studio DARA

発行人…………………… 後藤明信
発行所…………………… 株式会社 竹書房
〒102-0075　東京都千代田区三番町８－１　三番町東急ビル６F
email：info@takeshobo.co.jp
http：//www.takeshobo.co.jp
印刷所…………………… 中央精版印刷株式会社